小島寛明＋ビジネスインサイダージャパン取材班

知っている人だけが勝つ

仮想通貨の新ルール

講談社＋α新書
プラスアルファ

はじめに

仮想通貨を巡るルールが大きく変わろうとしている。

ひとつは、価格を巡るルールだ。

代表的な仮想通貨であるビットコインの価格は２００９年に取引が開始されて以来、何度かの暴落局面はあったものの、全体としては、ずっと上昇曲線を描き続けていた。

これまで、仮想通貨を購入する人たちの「投資方針」は、信じて抱えておくことだった。ネット上では「ガチホ」（ガチでホールド）と呼ばれている。

はやくから仮想通貨の存在に注目し、保有してきた人たちは、こう考えてきた。

「いつか、仮想通貨が法的にも社会的にも認められる。そうすれば、きっと価格も上がるはずだ」

株や為替を取引する人たちは、情報を絶え間なく収集し、ずっとパソコン上のチャートを見つめている。企業の業績、各国政府が発表する経済指標、戦争、気象など、あらゆるニュースが株価の値動きの原因になるからだ。

一方、仮想通貨の価格は上昇を続けていたため、ガチホこそが最善の策だった。２０１７

年には日本でも、実際に仮想通貨を信じてきた人たちの中から、1億円を超える含み益を抱える「億《おく》り人《びと》」が何人も誕生した。

しかし、2017年のブームは終わり、2018年に入って以降、価格の下落傾向が続いている。いまは価格が下がっていても、いずれは価格が上がる可能性があるかもしれないが、ガチホだけで多額の利益を出すことができた時期は、「古きよき時代」になった。

仮想通貨の売買で利益を出したいと考える人にとっては、株や為替と同様に、いつ買い注文を出し、いつ売り注文を出すのか、ジリジリとした判断が必要なフェーズに入った。

もうひとつは、仮想通貨間の競争だ。

現在、1500種類を超える仮想通貨が流通していると言われている。これまでは基本的に、ビットコインの値上がりに引っ張られる形で価格が形成されてきた。ビットコインが上がれば、ほかの通貨も値上がりする。これがルールだった。

しかし、このルールも変わろうとしている。次は、本格的な仮想通貨間の競争だ。

これまで、およそ10年かけて仮想通貨の「壮大な社会実験」が行われてきたと言われる。実験から、実生活に仮想通貨が入ってくるフェーズは間近に迫っている。

オンライン経済メディア・ビジネスインサイダージャパンの取材班は、取引所コインチェックから巨額の仮想通貨が流出した事件をきっかけに、どのように仮想通貨が育ち、今後どうなっていくのか、その本質とは何かをあらためて書籍として伝えたいと考えた。

コインチェック事件で明らかになったように、仮想通貨とそれを支えるブロックチェーン技術には、解決しなければならない課題が数え切れないほどある。

しかし、取材を続ける中で確信できたことは、仮想通貨とブロックチェーンは単なるマネーゲームの装置ではなく、広く社会に浸透していくイノベーションだということだ。

仮想通貨が、本格的にわたしたちの生活に入り込んでくる時代に備えるうえで、最低限理解しておくべき事柄は少なくない。

ゲームのルールが変わるとき、勝つのはいつも、新しいルールを熟知する人たちだ。

目次◉知っている人だけが勝つ　仮想通貨の新ルール

第七章　ＩＣＯは「資金調達革命」

第八章　仮想通貨に引き寄せられる若者たち

第九章　コインチェック事件がもたらしたもの

第十章

第一章　「史上最大」の盗難事件

いやな感じ

２０１８年1月26日午後5時ごろ、都心から地下鉄で30分ほど離れた東京都練馬区。男性(30)は、家族連れに人気の回転寿司スシローで、一貫２８０円のマグロを口に運んでいた。

本業は契約社員として郵便配達をしているが、このところ、仮想通貨の売買にはまっていた。この時点で保有していた仮想通貨を日本円に換算すると、１億５０００万円に膨れ上がっている。

スマートフォンに目をやると、いやな感じがした。仮想通貨の取引価格は常に乱高下しているが、このときはいつもと違った。

「肌感覚なんですけど、ねっとり、ぬめっとした暴落だった」

男性は、一緒に食事に来ていた弟に言う。

「おい、気持ち悪いぞ」

仮想通貨の取引に使っているコインチェックのアプリでは、仮想通貨の値動きを見ることができる。価格のグラフを見ると、仮想通貨ＮＥＭ（ネム）の価格が暴落していた。ツイッターをはじめとしたインターネットのＳＮＳ（ソーシャル・ネットワーク・サービス）では、ＮＥＭの流出が疑われていた。

男性は「不正送金だろうか」と思った。

いやな感じは、いっそう強くなった。男性はその後、弟の車で練馬区から渋谷に向かった。渋谷には、コインチェックの本社がある。

仮想通貨流出

その17時間前、日付が25日から26日に変わったころのことだ。インターネット関連企業が集まる渋谷駅新南口の近くにあるオフィスビル3階、仮想通貨取引所コインチェックの本社で、事態は静かに進んでいた。

コインチェックは、仮想通貨と日本円の交換や仮想通貨の購入ができる取引所のひとつだ。同社が顧客の仮想通貨を保管しているサーバーがハッキングされた。

仮想通貨は、銀行の口座番号にあたる「アドレス」が分かれば、インターネット上でそのアドレスに関連する仮想通貨の取引記録を確認することができる。

取引記録によれば、1月26日午前0時2分13秒、最初の動きが記録されている。同社が取り扱っている13種類の仮想通貨のひとつ、NEMが、同社の口座から別の口座へと移された。額は、10XEM（ゼム）とある。XEMはNEMの通貨単位だ。法定通貨に置き換えて考えると、日本の法定通貨は日本円で、その単位が円になる。

この日のＮＥＭの価格は、１ＸＥＭ当たり約１１０円。午前０時２分に、コインチェックの口座から移動した10ＸＥＭは、日本円に換算すると、約１１００円になる。移動先は、「NC4」で始まり、アルファベットと数字からなる40桁のアドレスだ。

NC4C 6PSU W5CL TDT5 SXAG JDQJ GZNE SKFK 5MCN 77OG

その２分後、本格的な引き出しが始まった。

０時４分　１億ＸＥＭ**（１１０億円）**
０時６分　１億ＸＥＭ**（１１０億円）**
０時７分　１億ＸＥＭ**（１１０億円）**
０時８分　１億ＸＥＭ**（１１０億円）**
０時９分　１億ＸＥＭ**（１１０億円）**

この５分で、計５億ＸＥＭ（約５５０億円）が引き出されたことになる。その後も、断続的に引き出しは続いた。

0時10分　2000万XEM（**22億円**）
0時21分　3000万XEM（**3億3000万円**）
3時35分　1500万XEM（**1億6500万円**）
4時33分　1000万XEM（**1億1000万円**）
8時26分　80万XEM（**8800万円**）

最後の引き出しは午前8時26分。午前0時すぎからの8時間で計11回、総額5億2630万10XEM（約579億円）が引き出されたことになる。一部で指摘されているが、この事件はおそらく、人類の歴史が始まって以来、最大級の盗難事件だろう。これまで、多額のカネを盗もうと思えば、重たい金塊や、膨大な枚数の札束を移動させなければならなかった。古今東西の大泥棒たちは、様々な知恵と工夫を凝らしてきた。過去には、警察の制服姿で現金輸送車を襲った強盗も、銀行の金庫を目指して地下トンネルを掘り進んだ窃盗団もいた。

しかし、巨額の仮想通貨の引き出しに成功したハッカーは、札束を移動させる大型の車両も、顔を隠す覆面も用意していない。今回の犯行は、仮想通貨の特徴をわかりやすく示しているとも言える。

仮想通貨はクリックひとつで、世界中に短時間で送金することができる。手数料はごくわずかだ。ハッカーは、この優れた機能を悪用した。

「温かい財布」の落とし穴

巨額の盗難はなぜ、起きたのだろうか。

2018年3月8日の記者会見で、コインチェック取締役の大塚雄介（37）が、その一端を明らかにしている。使われたのは、フィッシングと呼ばれるハッキングの手口だ。

2018年1月、コインチェックで働く複数の従業員宛てに、メールが届いた。メールには、マルウェアが仕込まれていた。

マルウェアは、不正な動作を行うプログラムのことだ。ウェブサイトのリンクをクリックしたり、メールの添付ファイルを開いたりすると、マルウェアは動作を始める。IDとパスワードなどの重要な情報を盗み出すためにも使われる。

従業員宛てに届いたメールで、マルウェアが作動。感染したパソコンは遠隔操作され、ハッカーは、コインチェック社内のネットワークを動き回ったようだ。

この結果、仮想通貨NEMの情報が置かれていたサーバーから、仮想通貨の口座へのアクセスに必要な「秘密鍵」が盗み出された。ハッカーは、この秘密鍵を使って、NEMの情報

「コインチェック巨額流失事件」はどうやって起きたか

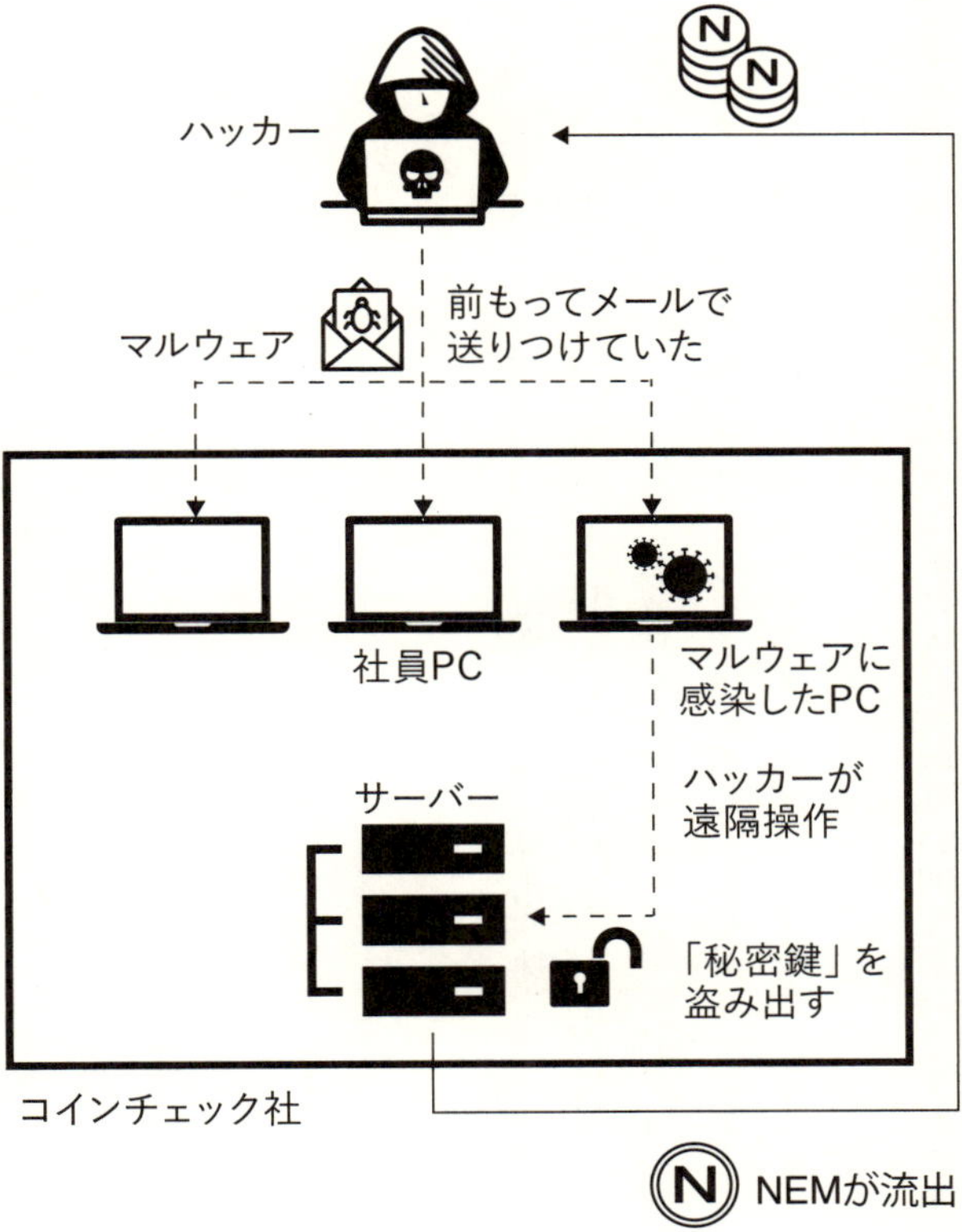

が置かれていたサーバーから、仮想通貨を引き出した。

今回の事件で、仮想通貨業界の関係者たちが「ありえない」と、口を揃えて批判したのは、ホットウォレットとコールドウォレットの運用だ。ウォレットは直訳すると「財布」だ。仮想通貨を入れておく口座（アカウント）のことを、ウォレットと呼ぶ。そして、銀行の預金口座の口座番号に相当するのがアドレスだ。

このウォレットには、「ホット」と「コールド」の2種類があり、ホットウォレットはインターネットにつながった状態の口座を言う。コールドウォレットは反対に、インターネットから切り離した状態のことだ。

仮想通貨の取引所だけでなく、インターネット関連の事業者はつねに、ハッキングの危険にさらされている。このため、会社が管理している仮想通貨のうち一部だけインターネットにつながっているホットウォレットに入れておき、それ以外は、コールドウォレットで保管するのが、適正な管理方法と言われている。どれだけ厳重な対策を講じたとしても、完全にハッキングを防ぐことは不可能だからだ。コインチェックは、顧客の資産であるＮＥＭを、すべてホットウォレットで管理していた。

管理する仮想通貨の10％をホットウォレットに入れ、残りの90％をコールドウォレットに入れる運用だったと仮定する。今回、コインチェックが持っていたＮＥＭの大部分が盗難の被害にあい、総額は日本円換算で約579億円にのぼった。イフの世界の話にはなるが、コールドウォレットで運用しておけば、被害は1割の58億円ほどにとどまっていた可能性はある。

騒ぎ

コインチェックの発表によれば、NEMの残高が異常に減っていることに同社が気づいたのは1月26日午前11時25分ごろのことだ。最初の引き出しから11時間23分が経過していた。その後、コインチェックはこの日の午前11時58分以降、NEMやその他の仮想通貨、日本円などの入出金や、仮想通貨の売買を順次停止した。

昼ごろから、ツイッターをはじめとしたインターネットのSNSはざわつき始める。ウェブで経済やテクノロジーのニュースを配信しているビジネスインサイダージャパンで副編集長を務める伊藤有（40）がツイッター上で、騒ぎになっていることに気づいたのは昼すぎだった。メディアに携わる編集者や記者にとって、ツイッターやフェイスブックなどのSNSで、どのようなつぶやきが交わされているかをチェックするのは、日常の一部でもある。

被害に気づいたコインチェックは26日昼ごろから、取り扱っている仮想通貨や日本円の入出金、売買を段階的に停止している。

12時7分ごろ　NEMの入金を停止
12時38分ごろ　NEMの売買を停止
12時52分ごろ　NEMの出金を停止
16時33分ごろ　日本円を含め、全ての取扱通貨の出金を停止
17時23分ごろ　ビットコイン以外の売買を停止

時間を追うごとに騒ぎは大きくなった。渋谷駅近くにあるコインチェックの本社と、井の頭線神泉駅近くにあるビジネスインサイダージャパン編集部は徒歩圏内だ。伊藤は、一年生記者の西山里緒（26）に、コインチェック本社の様子を見てくるよう指示した。

ビジネスインサイダージャパンが、最初に被害の可能性を報じたのは、26日午後6時10分だ。仮想通貨業界の関係者、霞が関の省庁などから情報を収集した結果、仮想通貨の流出事案が発生しているとの確証を得た。

そのころから、渋谷駅新南口近くのコインチェック本社周辺には、報道各社の記者やカメラマンが集まり始める。練馬で寿司を食べていた男性を含め、数人の利用者も本社前に駆け

つけている。

騒ぎが次第に膨れあがる中で、コインチェックの社内は極度の緊張から、興奮状態になっているように見えた。西山は、コインチェック本社への「突撃取材」を敢行し、次のように書いている。

「コインチェックのオフィスが入る渋谷駅近くのビルの前には10人ほどが集まっていた。報道陣のほか個人投資家なのか、手ぶらで来ているグループもいた。オフィスのある3Fを訪れ、中から出てきた人にコメントを求めると『公式発表をお待ちください』を繰り返すのみ。しばらくオフィス前にいると、一度ドアが開いたが、また閉じられてしまった。待っていると再びドアが開いて『あ、まだいる』。バタンとドアを閉められた。中からはドッと笑い声が響いた」

26日午後11時30分になって、社長の和田晃一良《わだこういちろう》（27）と大塚が、東京証券取引所で緊急の記者会見を開いた。四大法律事務所のひとつである森・濱田松本法律事務所の弁護士・堀天《ほりたか》子《ね》も同席した。

あまりに巨額の流出に、会見場は殺気立っていた。コインチェック側は、被害が総額で約580億円にのぼると発表した。会見では、和田より年長の大塚が主に記者たちの質問に答え、和田はこわばった表情で、「社長のコメントがほしい」と促されたときに口を開いた。

この会見の時点で大塚は、すでに「流出したＮＥＭに関しては、補償などを含めて現在検討している」と述べている。

27歳の創業者

「お騒がせしておりますことを、深くお詫び申し上げます」

東京証券取引所の記者会見室に現れた和田は、硬い表情で謝罪した。事件が起きる直前の2017年末には、コインチェックは、取引高で国内最大手のビットフライヤーと肩を並べる国内最大級の仮想通貨取引所に急成長していた。

27歳の創業者は会見中、言葉につまる場面もあった。

事件や不祥事で企業が開く記者会見では、殺気立った記者が群れをなし、攻撃的な質問が矢継ぎ早に繰り出される。百戦錬磨の上場企業の社長であっても対応が難しい場において、和田はおよそ「危機対応」に向いているようには見えなかった。

記者会見の席では、取締役の大塚がほとんどの質問に答えている。

記者からは「発言量が大塚取締役のほうが多く、和田社長のほうが少ない。和田社長がお飾りに見えてしょうがない」という、皮肉混じりの質問が飛んだ。

取締役の大塚雄介は「私たちの中では彼が開発の統括。私のほうがその内容をみなさんに

記者会見するコインチェックの和田晃一良社長（左）と大塚雄介取締役　木許はるみ撮影

ご説明させていただく。そのような役割分担にはなっている」と記者に答えている。

大塚の言葉どおり、和田は、根っからの開発者だ。

和田は、小学校高学年からプログラミングに興味を持ち、東京工業大学時代にはアプリの開発ができるようになっていた。3年時にはウェブアプリを開発する会社でアルバイトし、ウェブで料理のレシピを提供している「クックパッド」が主催した、第3回開発コンテスト24など、さまざまなプログラミングのコンテストで優勝し、若手の起業家たちの間で知られた存在になっていた。

就職活動では「自分で事業を生み出す力をつけられるか」を重視し、インターネット広告のサイバーエージェントを選んだ。しかし、実際には就職する前に、大学の知人に紹介されたレジュプレスというスタートアップ企業の立ち上げに加わった。

「起業自体には興味がなかったけど、事業を生み出す力をつけられるなら、そっちでチャレンジしたほうがいいのではないか」という理由だった。

大学を休学して、参画したレジュプレスでは、ほぼ独力で、それぞれの人生の物語を投稿するサイト「ＳＴＯＲＹＳ・ＪＰ」を開発し、人気サービスに成長させた。

学年でビリの成績だった女子高生が慶応大学に合格した実話「ビリギャル」は話題を集めた。書籍はベストセラーになり、映画にもなった。

ＳＴＯＲＹＳ・ＪＰは、人気のコンテンツを次々に生み出し、２年ほどで10作品が書籍化され、総発行部数は１２０万部を超えている。

和田はなぜ、事業領域の異なる仮想通貨取引所を立ち上げたのだろうか。２０１７年12月、ビジネスインサイダージャパンの取材にこう答えている。

「ＳＴＯＲＹＳ・ＪＰは『自分語り』という文化を自分たちで作っていくハードルの高いサービスだったといま振り返ると思います。逆にそういう経験があったからこそ、次に会社で何をやるか考えるとき、時代がそっちの方向に向かっていっているみたいなところに乗るサービスをやりたかった。当時、ビットコインなど仮想通貨が新しく出てきていて、そのうえに乗っかるサービスがはやると思ったんです」

２０１４年8月にサービスを始めた時には、すでにゴールドマン・サックス証券出身の加《か》納裕三《のうゆうぞう》(42)がビットフライヤーを立ち上げていた。先行するサービスについて和田は、こう答えている。

「当時、仮想通貨を扱う取引所は他に3〜4個あったが、あまり使いやすくなくて。ウェブをわかっていない人がつくったウェブサービスになっちゃっていた。金融業界から来た人たちがつくったサービスは、全然、登録までたどり着けない。その点、自分たちはそれまで一般ユーザー向けのサービスを作っていて、すごく知見があった。どういう心情で、登録のページにたどり着くかを分かっていた」

投資家たちは、仮想通貨の事業化を目指す和田の方針に反対したという。２０１４年2月には、日本を拠点としていた世界最大の取引所マウントゴックスが破綻《はたん》し、ビットコインには「あやしい」「詐欺」といったイメージがつきまとっていた。

登記簿によれば、和田がレジュプレスの代表取締役に就任したのは、マウントゴックスが破綻した２０１４年2月のことだ。

とがったサービス

周囲の心配をよそに、和田は「大企業や上場している企業は参入できない領域で、スタートアップからすると逆にチャンス」と考えた。

金融業の経験がない点も心配されたが、実際にサービスを始めて、ユーザーを集めて納得してもらえればいいと、株主たちにもほとんど何も告げずにサービスを立ち上げた。

和田は「いろんな人の意見を聞いていると、丸まったアイデアになってしまう。自分で作れたからこそ、思い切った意思決定、『日本で一番簡単にビットコインを買える取引所』というとがったサービスを作れた」と語っている。

当時の和田と大塚を知る複数の人たちに話を聞くと、記者会見で垣間見せた二人の役割分担は、コインチェックが誕生した当時から続いていたようだ。

「いったん開発に没頭し始めると、何日も部屋から出てこない」との評もある和田に対して、営業やマーケティング、広報など対外的な役割を引き受けてきたのが大塚だった。

仮想通貨関連の複数のプロジェクトに携わる篠原ヒロ（34）はそのころ、大塚に会っている。篠原によれば、２０１４年夏ごろ、篠原が書いていた仮想通貨のブログを読んだ大塚から「取引所をはじめたので使ってみてほしい」とメールが届いた。

大塚と篠原は、昼時のファミレスで、ランチを食べながら仮想通貨の将来性を語り合った。

「これから、取引所がおもしろくなるよ」

大塚は熱っぽく語った。

大塚は、早稲田大学の大学院で物理学の修士を取得し、ネクスウェイ社を経て、レジュプレスに加わった。和田が代表取締役に就任した2014年2月28日、大塚は取締役に就任した。二人は、コインチェックの共同創業者とされている。

2014年8月、コインチェックはビットコインなどの仮想通貨の取引を始めた。会社名は、しばらくレジュプレスのままだったが、仮想通貨が一般にも認知されはじめた2017年3月、コインチェックに変更している。

コインチェックは、その「とがったサービス」で利用者の人気を集めた。

2017年ごろから、コインチェックが急成長を遂げた最大の要因は、使いやすいユーザーインターフェース（UI）だったと業界内でも言われる。

ビットコイン以外の仮想通貨「アルトコイン」を豊富に取り扱っていることも、利用者たちの人気を集めた。事件当時、コインチェックで売買できた仮想通貨は13種類を数えた。

和田自身も、2017年12月のインタビューの時点で、自分たちのサービスの使い勝手に圧倒的な自信を持っていた。同年秋以降に取扱高が急激に伸びた理由についても、取り扱っている仮想通貨の種類の豊富さを挙げている。

当時、最も勢いのある取引所は、明らかにコインチェックだった。

「出川組」と呼ばれる人々

コインチェックが、流出したNEMについて、利用者全員に補償する方針を発表したのは、会見からわずか2日後の2018年1月28日だ。

1XEMあたり88・549円と、100円を超える価格で取引されていた1月26日時点と比べて2割近く目減りはしているものの、補償総額は概算で466億円にのぼる。創業から5年余りのベンチャー企業が、これだけのキャッシュを保有している事実に、驚いた人は少なくないだろう。

2017年9月、「世界に先駆けて」（金融庁）仮想通貨取引所の登録制度が本格的にはじまった。ビットコインをはじめとした仮想通貨の取引価格は急上昇を続けていた。そのころから、日本国内でも仮想通貨ブームが沸騰し、価格上昇を描くチャートの軌道とともに、コインチェックも急拡大している。

同社が2018年3月8日の記者会見で明らかにした取引高の推移からは、2017年7

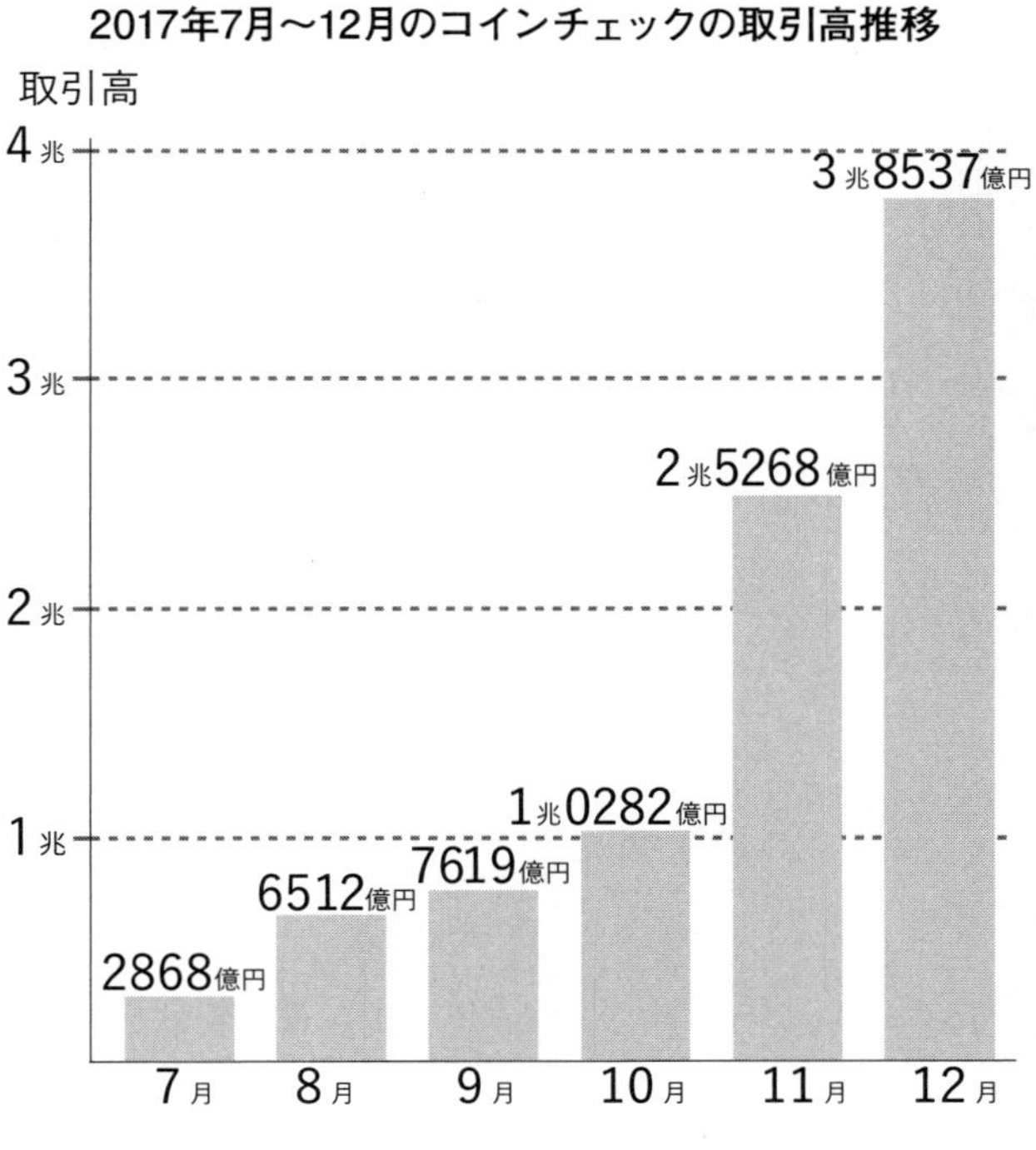
2017年7月～12月のコインチェックの取引高推移
取引高
4兆
3兆
2兆
1兆
3兆8537億円
2兆5268億円
1兆0282億円
7619億円
6512億円
2868億円
7月
8月
9月
10月
11月
12月

月以降、半年足らずでビジネスの規模が10倍以上に急拡大した様子が読み取れる。

２０１７年12月、コインチェックはテレビＣＭをはじめた。「なんでビットコイン取引は、コインチェックがいいんだ、兄さん」。お笑いタレントの出川哲朗が、双子の兄と弟の一人二役を務めるＣＭは、年の瀬のお茶の間に繰り返し流れた。このＣＭをきっかけにコインチェックで仮想通貨の取引を始めた人も多かったと言われ、こうした人たちは「出川組」とも呼ばれた。

巨額の日本円がコインチェックに流れ込んだことで、手数料など同社の収入もふくれあがった。５８０億円という未曾有の被害額に対して、コインチェックの対応がどこか余裕を感じさせたのは、事件当時に保有していたキャッシュの潤沢さがあったのだろう。

事件後の２０１８年３月８日時点で、コインチェックには約１７０万口座が開設されている。コインチェックが、多くの人とマネーを引きつけたことをうかがわせる数字だ。

コインチェックは２０１８年３月12日に、盗難されたＮＥＭを保有していた人たちを対象に、日本円で補償した。

一方で、１月26日以降、コインチェックがほとんどの売買や入出金を停止していたことで損害が生じたとして、賠償を求める訴訟も起きている。少なくとも３つの弁護団が併存している状態で、原告は１５０人を超えている。

２０１７年４月から２０１８年３月までの２０１８年３月期決算では、コインチェックの売上高は６００億円を超えた。２０１７年７月以降、一気に膨大な資金がコインチェックに流れ込んだことで、同社の売上高も膨れ上がった。しかし、日本円でのＮＥＭの補償や、２０１８年１月26日以降は、事実上売り上げを計上できる企業活動を停止していたことで、最終的な利益はかなり目減りした。

追跡

コインチェックの事件が起きて間もなく、ビジネスインサイダージャパンは、ブロックチェーンに詳しいエンジニアに、ＮＥＭが引き出された履歴の解析を依頼した。

無償で協力してくれたのは主に、いずれもエンジニアの清水勇介（28）、ブロックチェーン・ベースの電子政府システムCOMMONS OSの開発を進めている河崎純真《じゅん》（26）と小副《おそえ》川《かわ》健（36）の３人だ。

ＮＥＭを含む仮想通貨は、資金の移転がブロックチェーン上の台帳に記録され、ほぼ改竄《かいざん》が不可能とされている。この仕組みについては第三章で詳しく述べるが、だれでも、不正に引き出されたＮＥＭの動きを追うことが可能だ。

コインチェックからＮＥＭが引き出されたのは、２０１８年１月26日未明。午前０時２分から午前8時26分の間に、総額5億2630万10XEMが攻撃者のアドレス（銀行預金の口座番号に相当）に送られた。

その後、盗まれたNEMは、様々なアカウント（口座）に送られ、次第に拡散していく。NEMの普及を推進している国際団体NEM財団は、1月28日に、ハッカーと関連するアカウントに自動で印をつけるシステムを開発していると発表した。

NEM財団と協力し、NEMを盗み出したハッカーを追跡する水無凛《みずなしりん》を名乗る追跡者も登場した。ツイッターのプロフィールに「JK17」と書き込まれていたため、当初、ハッカーと戦う17歳の女子高校生と話題になったが、実際には日本人の男性で40代だという説もある。JKも女子高生ではなく、「自宅警備員」だという。

ハッカーというと、企業や政府のウェブサイトに侵入して個人情報を盗み出したり、攻撃を仕掛けると脅迫して、金を脅し取るといったイメージが強い。しかし、ハッキングの世界には2種類のハッカーがいる。

企業に攻撃を仕掛けるハッカーはブラックハットやクラッカーと呼ばれている。

これに対し、攻撃を仕掛ける集団が、なぜ攻撃し、次にどんな攻撃をするのかといった情報を集めて、政府や企業と共有したり、対応策を練ったりするハッカーが、ホワイトハッカーやホワイトハットと呼ばれる。攻撃対象となっている政府や企業のシステムに存在する脆《ぜい》弱性《じゃく》を、攻撃者よりも先に発見して報告もする。

本書では、攻撃をする側を単にハッカー、対策を講じる側をホワイトハッカーと表記する。

大企業や政府が、ホワイトハッカーを積極的に採用する動きもある。攻撃する側の思考回路を正確に理解している人材がいなければ、攻撃に対処できないからだ。

経営コンサルティング会社のデロイトトーマツコンサルティングの社内カンパニーのひとつデロイト エクスポネンシャルでは２０１７年８月、ホワイトハッカー出身の21歳のマネジャーが誕生している。

水無は、こうしたホワイトハッカーの一人だ。コインチェックから盗まれたＮＥＭが送られているなど、関連が疑われるアカウントには水無からのメッセージが自動的に書き込まれた。

「みずなし。コインチェックから盗まれた金だ。取り引きしてはいけない。口座の所有者はハッカーだ」

(mizunashi.coincheck_stolen_funds_do_not_accept_trades.owner_of_this_account_is_hacker)

事件発生からしばらくは、だれでも取引記録を閲覧できる仮想通貨のシステムの強みが際立っていた。

水無だけでなく、小副川、清水、河崎の3人のように、様々な立場のエンジニアが、無償でNEMの行方を追った。

インターネットでは、知見や技術を共有し合う文化がある。小副川は、追跡の過程で開発したプログラムを、プログラムを共有できるサイト「ギットハブ」に公開している。

水無が活躍し、世界中のエンジニアたちが技術と情報を共有し合いながら、ハッカーの動向を監視する。こうした展開を、多くの人がSNSを通じて見守った。だれもが取引の記録を確認できる仮想通貨のシステムでは、盗まれたNEMの換金を押さえ込むことができるのではないか。そんな空気さえ流れていた。

ダークウェブという闇

インターネットには、ダークウェブと呼ばれる深い闇の世界がある。

ダークウェブ上の掲示板には、こんな書き込みがある。


【氷】

横浜周辺での受け渡しができる方

【０・２５ｇ＝１００００】
大好評のガンコロです

氷は、覚醒剤、ガンコロは、結晶状の覚醒剤を示す隠語だ。「翻訳」するならば、「横浜周辺で受け渡しができる人に、結晶状の覚醒剤０・２５グラムを1万円で売ります」という意味だろう。書き込みには、携帯電話の番号と、メールのアドレスも付されている。

こうした掲示板は、個人情報の売買や売買春の窓口にもなっている。事実かどうかは不明だが、ダークウェブ上では、銃器だけでなく重火器、学位なども買えると言われている。こうした違法な売買に使われるのは、仮想通貨だ。

通常のインターネットの掲示板には、こんな書き込みはできないはずだ。インターネットでは、どこからどのウェブサイトにアクセスしたかなどの履歴が残る。「違法薬物を売ります」と書き込めば、簡単に「足」が着く。

それではなぜ、堂々とこんな書き込みができるのか。

Ｔｏｒ（トーア、The Onion Router）と呼ばれるシステムがある。このシステムを使うと、通信元を隠すことができる。特定のサイトにアクセスしても、複数のノード（接続ポイント）を経由するため、通信元を特定しづらい仕組みだ。タマネギの皮のようにノードを重ねることから「オニオン」の名がついた。

トーアは元々、言論の自由を確保する目的で開発されたと言われる。

政府や大企業の不正を、内部の人が告発しようにも、不正を知らせた機関のサイトへのアクセス履歴などから、だれが告発者かを特定され、告発者が不利益を受けるかもしれない。このため、アクセス履歴がわからないようにインターネットを利用できるようにする仕組みがトーアだ。閉ざされた独裁国家の中から、実態を知らせることにも使える。

実際に政府の不正の証拠になる文書がトーアを使ってリークされることもあるが、残念ながらトーアは犯罪の温床になっている。違法な薬物や個人情報、児童ポルノなどを扱うダークウェブのサイトは、トーアを使わないとアクセスできない。インターネット・エクスプローラーやグーグル・クロームのような一般的なブラウザとは異なる、専用の閲覧ソフトを使ってアクセスする。この閲覧ソフト「トーア・ブラウザ」は無料でダウンロードもできる。

意外と簡単にみえるが、２０１７年1月23日にビジネスインサイダージャパンに掲載された翻訳記事「闇サイトを使った人たちが教える奇妙で不気味な体験談」は、トーアを使ってダークウェブにアクセスした人たちの体験を紹介している。「我々にはあなたが見えている」とメッセージが届いてサーバーが落ちたという人や、動画投稿サイトを閲覧していたら、コメント欄に閲覧している当人の実名が書き込まれたケースもあるそうだ。セキュリティの専門家も「何が起きるか分からない。気軽に使うものではない」と話している。

コインチェックから盗み出されたＮＥＭの換金には、ダークウェブが使われた。

２月上旬になって、ハッカーと関連のあるＮＥＭのアドレスの履歴をたどると、メッセージが記されていた。ウェブサイトのアドレスとともに、〝15％ ＯＦＦ〟と書き込まれている。通常のブラウザから、このアドレスにアクセスしようとしても開くことはできない。トーア経由でのアクセスだけを受け付けるサイトだ。ＮＥＭを盗み出したハッカーや関係者が、ＮＥＭをビットコインなど別の仮想通貨と交換するサイトをダークウェブ上に開設したとみられる。

通常のインターネット上の取引所でも、盗難されたＮＥＭから別の仮想通貨への交換が次第に進んだ。取引所で仮想通貨を買う人は、取引の相手方の口座について「所有者はハッカーだ」と書いてあるかまでは確認しない。アカウントには「ハッカーだ」と印がつけられていても、仮想通貨そのものには印はつけられてはいない。

こうして少しずつ、盗難されたＮＥＭの洗浄は進んだ。３月20日になって、ＮＥＭ財団は、盗まれたＮＥＭの追跡を停止すると発表した。水無も、それ以前にツイッターで追跡をやめると投稿している。自動的に「この口座の所有者はハッカーだ」と書き込む機能が使われていたが、盗まれたNEMの拡散が進んだことで、何らかの形で取引に関わったもののハッカーとは関係ない多くの人の口座にも、「ハッカーだ」と書き込まれており、NEMの流通性そのものに問題が生じかねない状況になっていた。

2018年3月までの約2ヵ月間で、盗まれたNEMはすべて、別の仮想通貨に換えられたと見られている。

ホワイトハッカーとの攻防はひとまず、ダークウェブを駆使する悪のハッカーが勝利した。今後は、警視庁など捜査当局がどこまでハッカーに迫れるかが焦点となる。


事件を通じて、仮想通貨やブロックチェーンの強みと弱みが浮き彫りになった。

一つ目は、ブロックチェーンの信頼性の高さだ。標的にされたのは、コインチェックがNEMを保管している口座だ。ブロックチェーンのネットワークから、NEMが抜き取られたり、記録が改竄されたということであれば、仮想通貨のシステム全体の信頼性が揺らぐが、今回はこれには該当しない。コインチェック側の内部調査で、会社内のリスク管理の問題だったことが明らかになっている。

仮想通貨は、取引を「見える化」する仕組みだ。NEMがコインチェックの口座からハッカーの口座に移され、その後、拡散が進んだ経緯はいまも、インターネットで確認することができる。多くの人が無償でハッカーの動きを監視した展開からは、インターネットの「シエア」の文化の強みが見える。

しかし、見えるからといって、不正な資金洗浄が防げるかというとこれは別だ。ダークウエブで、どこからアクセスしているかを見えないようにしたうえで、別の通貨に換金する手法で、「汚れた」仮想通貨をきれいに「洗浄」することができる。

また、ハッカーの口座から仮想通貨を受け取ったり、送ったりしている口座などに、一定の条件で、自動的に「ハッカーだ」という印がつけられたが、口座が汚れていても、相場よりも安くNEMが売られたことで、難なく買い手がついた。

コインチェック事件によって、堅牢で取引が「見える化」される仮想通貨の利点も確認できたが、一方で、だからといってマネーロンダリングは防げないという事実も明るみに出た。

第二章　仮想通貨とはなにか

ビットコインと電子マネーは違う

昨年ごろから、テレビや、インターネットのニュースで毎日のように仮想通貨が取り上げられている。仮想通貨と聞いたときに、すぐに連想するのは、JR東日本が発行しているスイカ（Suica）や、JR西日本のイコカ（ICOCA）ではないだろうか。これらは、交通系の電子マネーと呼ばれている。電子マネーは、今や生活に欠かせない大きなイノベーションだ。これに対して、仮想通貨は、電子マネーとはまったく異なる発想から生まれた、インターネットで使う決済の手段だ。

「通貨」の名前がついているが、「暗号資産」や「暗号通貨」といった言葉でも呼ばれている。日本の金融庁は「法定通貨ではない」と繰り返し利用者に注意を促している。仮想通貨の代表格とされるビットコインには、次のような特徴がある。

① 大企業や中央銀行が管理するのではなく、だれでも管理に参加できる
② 日本円や米ドルといった法定通貨と交換できる
③ 価格が変動する
④ 金融機関を介さずに世界中に送金できる

⑤ 銀行などと比べて送金手数料が安い

スイカとビットコインは、似ているようで、大きな違いがある。スイカと比較しながら考えると、よりはやく仮想通貨を理解できそうだ。

スイカは、ＪＲ東日本が管理する電子マネーだ。ＪＲ東日本が公表している資料によると、２０１７年3月31日の時点で、６３９８万枚が発行されている。電車に乗るだけでなく、買い物にも使うことができ、利用可能な端末の数は70万台を超えている。

利用者がスイカに５０００円をチャージするのは、ＪＲ東日本に対して前払いをすることだ。ＪＲに前払いした金額の分、スイカで電車に乗ったり、商品を買ったりすることができる。

一方でビットコインは、中央に管理者がいない。世界中の企業や個人がビットコインの取引記録の管理に参加をしている。ビットコインを利用する人たちが協力して管理をする仕組みと言ってもいい。法定通貨は中央銀行が発行と管理を担っているが、仮想通貨の場合は、発行にも管理にも国はかかわらない。

日本円や米ドルなどの法定通貨と交換してビットコインを手に入れ、後で売却して法定通貨に戻してもいい。他の仮想通貨と交換することもできる。

あまり想像したくはないが、ＪＲ東日本が経営不振に陥った場合、スイカの発行が停止され、チャージしたおカネが消えてしまうかもしれない。一方、ビットコインは、管理に加わっている企業のうち1社が何らかの理由で参加をやめたとしても、ビットコインの管理は停止しない。世界中に管理者がいるからだ。

スイカは、日本円と等価であるため、いったんチャージした金額は動かない。為替相場が変動しても、チャージした５０００円の価値は５０００円のままだ。これに対してビットコインは、価格が変動し、暴落することもある。２０１７年秋、中国が仮想通貨を実質的に禁止する政策に踏み切った際には、仮想通貨の価格は大幅に下落した。また、コインチェックからＮＥＭが不正流出した際にも、多くの種類がある仮想通貨の価格は軒並み下落した。

スイカは、国際送金に使えないが、ビットコインは、相手がアカウント（口座）を持っていれば世界中に送金することができる。送金の手続きには銀行もクレジットカード会社も関与しない。

送金手数料は、金融機関と比較すると安い。管理者がいないシステムで、送金手数料を受け取るのは、世界中で、ビットコインの取引記録の管理に参加している企業や個人だ。マイニングと呼ばれるこの仕組みについては、第三章で詳しく述べる。

ビットコインの仕組みを見ると、かなり便利そうに見えるが、実生活の中で使われるようになるには、多くの課題がある。

まず、価格の変動だ。ビットコインの価格は激しく変動している。買い物など日常的な決済手段として定着するには、価格の変動を抑制することが必要だ。ビットコインの価格は2009年に登場してから2017年末まで、いくつかの暴落局面はあったものの、ほぼ一本調子で上昇を続けたため、いまも価格上昇への期待感は根強い。価格上昇への期待がある間は、ほとんどの人は、家電量販店での買い物に使うより、大事に保管しておいて値上がりを待つことを選ぶだろう。

コインチェックの事件であらためて浮き彫りになったように、セキュリティをめぐる課題も多い。コインチェックだけではなく、ビットフライヤーやZaif（ザイフ）といった国内の他の取引所でも不正流出事案が起きている。

「億り人」の誕生

2017年12月、仮想通貨の代表格ビットコインの価格が一時、1BTC当たり200万円を突破した（BTCはビットコインの単位）。12月8日にはコインチェックが、出川哲朗が出演するCM「兄さん知らないんだ」編の放映を開始している。

取引所ビットフライヤーが公開しているデータによれば、12月17日のビットコインの終値は２２３万５５４０円に達した。年初の１月１日には11万７５１９円だったビットコインの取引価格は、１年で約19倍にふくれ上がった。

２０１７年１月１日　11万７５１９円
２０１７年12月17日　２２３万５５４０円（約19倍）

仮想通貨の情報を配信しているアメリカのコインデスクによれば、２０１０年６月の時点で、ビットコインの価格は、１ＢＴＣ当たり０・０６米ドルだった。当時のレートで日本円に換算すると、５・４円余りになる。２０１７年12月５日の価格１万１６９６・０６米ドル（１３１万８９７０円）を、２０１０年６月の価格で割ると、約19万４９３４倍になる。

２０１０年６月　０・０６米ドル
２０１７年12月５日　１万１６９６・０６米ドル（約19万４９３４倍）

日本の取引所は、国外の取引所から仮想通貨の「仕入れ」をして、利益分を上乗せして販売している。このため、国内外の価格を比べると、日本の取引所は割高になる傾向がある。

日本では、膨張した含み益を抱える仮想通貨の「投資家」が続出した。資産が1億円を超えた人は「億《おく》り人《びと》」と呼ばれる。亡くなった人をひつぎに納める納棺師を、本木雅弘が演じた映画『おくりびと』から生まれた言葉だろう。

単純化しすぎではあるが、例えば2017年1月1日に526万円分のビットコインを保有し、売買をせずに12月17日まで抱えていれば、保有するビットコインの価値は1億円を超えるため、この人は「億り人」になったということになる。

2017年秋以降、金融や証券の専門家たちが、ビットコインはバブル状態にあると指摘するようになる。日本銀行出身で、現在は麗澤《れいたく》大学教授を務める中島真志《まさし》（60）はそのひとりだ。

「バブルかどうかは弾けてみないとわからないとも言うが、あまりにも上昇のピッチが速すぎる」

キーワードは「非中央集権」

2008年10月31日、サトシ・ナカモトを名乗る人物が、暗号をテーマとするインターネットのメーリング・リストに一通の論文を投稿した。この論文が、ビットコインのはじまりとされている。

その1ヵ月半前には、アメリカの投資銀行リーマン・ブラザーズが経営破綻し、世界的な金融危機が始まっていた。

Ａ４判９ページの論文は「ビットコイン：ピア・トゥー・ピアの電子キャッシュシステム」(Bitcoin: A Peer-to-Peer Electronic Cash System) とのタイトルがつけられている。ビットコインを理解するうえで最も重要な言葉は、「非中央集権」と「トラストレス」だ。トラストレスは、ビットコインでは「信頼が必要ない」と説明される。

これまでは、相手が国内か海外かを問わず、だれかに送金するときは、銀行やクレジットカード会社などが間に入ることが当たり前だった。例えば、海外に住んでいる親戚にお金を送るとき、銀行の海外送金のサービスを利用する。メガバンクなどの大企業であれば、お金を抜き取られる心配をする人はいないだろう。この企業が「信頼」されているからだ。

これに対して、ビットコインは、こうした「信頼」のある第三者が関与せずに直接送金ができる。ナカモトは論文の中で、ビットコインは「金融機関など、取引の信頼性を担保する第三者がいらないシステム」だと説明している。

「ビットコインは信頼ではなく暗号による証明に基づく電子決済システムで、取引の意思がある二者がいれば、信頼できる第三者を必要とせず、相互に直接の取引をすることができる」

ナカモトが論文のタイトルに使ったピア・トゥー・ピア（Peer-to-Peer）という言葉は、P2Pと略される。コンピュータのネットワークの方式を表す言葉だ。ピア（peer）を英和辞典で引くと、「(能力などが）同等の人」とある。

通常、企業で働く人のパソコンは、会社のサーバーに接続されている。会社のシステム担当者が管理しているサーバーに、社員たちが共有するファイルが保存されている。こうしたシステムはクライアント・サーバー方式と呼ばれ、社員が使うパソコンはクライアントにあたる。中央にあるサーバーに情報が集中する、「中央集権型」のシステムとも呼ばれる。

この方式では、サーバーとクライアントに役割が分担されていて、各自がパソコンからサーバーにアクセスして、必要なファイルをダウンロードしたり、社内で共有したい情報をアップロードしたりする。

これに対して、P2Pでは、それぞれのピアが対等な立場で情報をやり取りする。ひとつのコンピュータが、サーバーとクライアントの両方の役割を担う「分散型」のネットワークとも説明される（次ページの図参照）。数人で仕事をしている小規模の企業では、こうしたP2Pのネットワークを組んで、自分のパソコンの一部を全員が見られるように共有するなどして、ファイルをやり取りできる。インターネットを経由して、個人どうしがファイルをやり取りする際にもP2Pの方式が用いられることもある。

P2P（ピア・トゥー・ピア）方式と クライアント・サーバー方式の違い

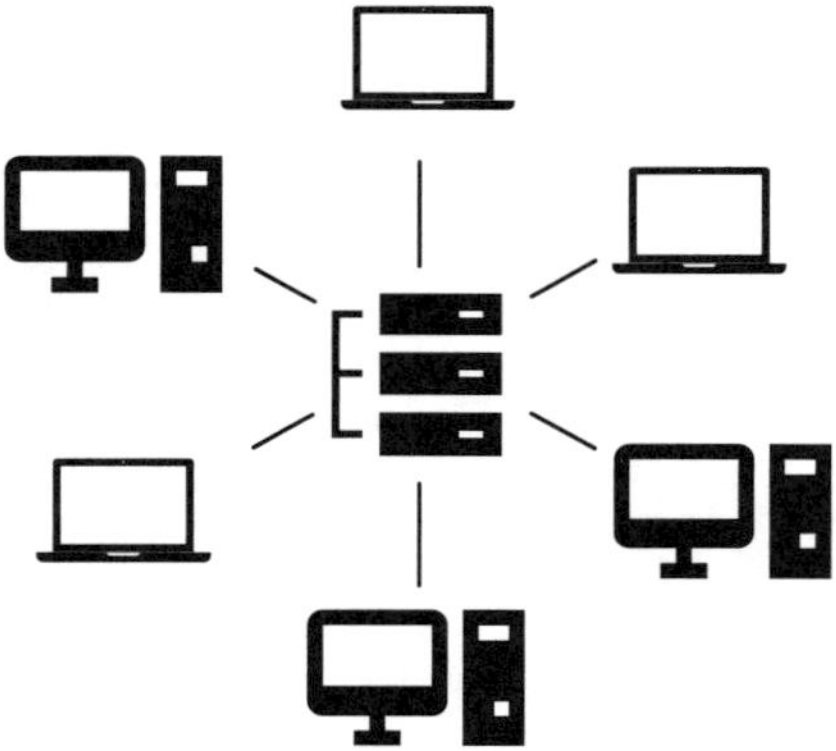

クライアント・
サーバー方式

中央集権型
＝
中央にある
サーバーに
情報が集中

P2P 方式

分散型
＝
それぞれのピアが
対等に情報を
やりとりする

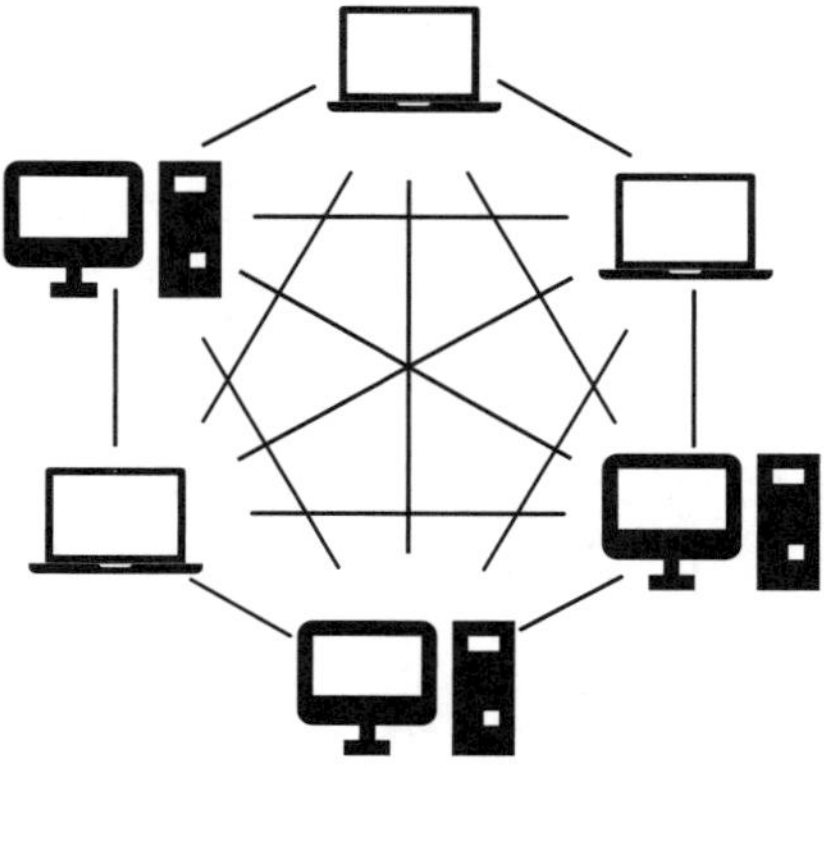

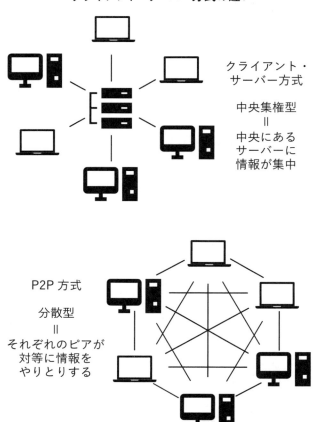

ビットコインの考え方は分散型に根ざしている。

例えば、個人が企業から支払いを受けるときは、銀行を通じてお金が振り込まれる。取引のデータは、銀行が一元的に管理するため、データが内部の不正でも、外部からの攻撃でも改竄されないように厳重な管理が求められる。これが「中央集権型」のシステムだ。

一方で、ビットコインの仕組みは、「非中央集権」あるいは「分散型」と言われる。取引データは、特定の企業が管理するのではなく、暗号化され、分散化された状態でネット上に保管される。取引を記録する「ブロック」は定期的に更新され、チェーンのように連なっていく。この仕組みが、ビットコインを支えるブロックチェーンと呼ばれる「分散型台帳技術」だ。仮想通貨の代表格ビットコインの仕組みでは、ブロックチェーンとマイニングが重要だが、これについては第三章で詳しく述べる。

２００９年1月3日、最初のブロックがつくられ、ビットコインの取引が始まった。

「国より信頼できる」

現在、法定通貨を発行しているのは、国家だ。日本国がその価値を保証しているからこそ、日本円にも価値がある。国家の信頼が揺らげば、通貨の価値も揺らぐ。アフリカや中南米の国々で繰り返し起きたハイパーインフレでは、通貨の価値が短期間で大幅に下落した。

アフリカ南部のジンバブエでは2000年代後半に経済が崩壊し、諸説あるがインフレ率が5000億%に達したといわれる。ジンバブエ政府は苦肉の策で、新しい通貨を発行。100兆ジンバブエドル紙幣も発行した。

一方で、仮想通貨は理念のうえでは、参加者が共同で管理する。仮想通貨を支持する若いエンジニアたちに聞くと、「国よりも、ブロックチェーン技術の方が信頼できる」と話す人は少なくない。

取引所ビットフライヤー社長の加納裕三は、2018年2月7日のビジネスインサイダージャパンのインタビューで、ブロックチェーン技術の信頼性が、ビットコインの価値の源泉だと説明している。

「もしブロックチェーンが非常にハッキングしやすいシステムならば、ビットコインに価値は生まれない。いつ、自分の仮想通貨がなくなってしまうかわからなければ、そんな技術に価値はない。技術的に、価値がなくならないという機能が備わっていることが、ビットコインに価値が生まれる一因になっている」

コインチェック事件では、取引所のシステムがハッキングされ、NEMが引き出された。世界各地の取引所が次々にハッキングの被害を受けてはいる。だがコインチェックの例と同様に、いまのところブロックチェーンそのもののシステムが破られたことはない。

サトシ・ナカモトとは何者か

ビットコインを発明したとされるサトシ・ナカモトは、個人ともグループとも言われており、正体はわかっていない。一部の日本語のウェブサイトなどでは、「中本哲史」との漢字が当てられているが、この漢字が正しいかどうかも不明だ。

２０１４年には、アメリカのロサンゼルス郊外に住む、ドリアン・サトシ・ナカモトという男性が、ビットコインの創始者ではないかとの説が浮上し、自宅にメディアが殺到する事態になった。しかし、この男性は後に、自分は考案者ではないと複数のメディアに答えている。

２０１６年には、オーストラリア出身の起業家クレイグ・ライトが、ビットコインを考案した開発者グループのひとりだと名乗り出た。しかし、証拠を示すことはなく、ライトの主張の真偽はわかっていない。ライトが日本通であることを根拠に、日本人の名前を名乗ったとする説も根強い。

２０１７年10月26日、ＳＢＩホールディングス社長の北尾吉孝（67）は、四半期決算を発表する記者会見で、サトシ・ナカモトに会ったと述べている。北尾によれば、ナカモトは日本人ではないという。

「北朝鮮が（セキュリティをハッキングで破って）外貨を稼ごうと攻めていっている。国家ぐるみの犯罪のターゲットになっている。これをいかに防ぐか。ウォレットのセキュリティ対策が弱すぎる。実は、ナカモト・サトシさん。日本人じゃないんだけど、実在する。この人に会って、この対策についていろいろ議論する機会がありました。この人は正真正銘のブロックチェーンあるいはビットコインのインベンター（発明者）だと思います。この人は、40人ぐらいのPh.D.（博士号保有者）を抱えて、どうやって仮想通貨の世界を大きくするかということをやっている」

北尾がこの人物を、サトシだと断定的に述べる根拠は、いまのところ不明だ。インターネット上では、北尾が会ったという人物は、ライトだという説が有力だ。

ライトがサトシだという決定的な証拠は示されていないが、なぞの開発者の存在は、ビットコインへの関心と人気を高めた要因のひとつであることは間違いない。

仮想通貨でできること

仮想通貨で、なにができるのだろうか。

物を買ったり売ったりする際の決済の手段としての機能や、国内外への送金の手段としての機能も備えている。しかし2018年春の時点では、仮想通貨そのものを売買して利益を目指す、投機の対象として保有する人がほとんどを占めている。

２０１７年の1年間で、ビットコインの価格は20倍近く上昇した。値上がりへの期待感がある限り、日々の買い物に使うよりも、保有しておいて値上がりを待つ人が多いのは、当然のことだろう。

一方で、仮想通貨を店先での支払いに使えるようにする環境整備も少しずつ進んでいる。家電量販店のビックカメラでは、２０１７年4月からビットコインで買い物ができる。スマートフォンのアプリを使って決済をする仕組みだ。ヤマダ電機も２０１８年1月から東京都内の一部の店舗で、ビットコインの決済を試験的に始めている。

ビットコインで決済ができる、店頭のＰＯＳ（Point of Sale、販売時点情報管理）システムも登場した。ＰＯＳシステムを開発・展開するビジコム（東京都文京区）は２０１７年11月28日から、ビットコインで決済ができるＰＯＳシステムを提供している。

中国からの訪日客の中には、自国で使いどころのない「仮想通貨資産」を抱えた人たちがいる。中国政府が仮想通貨と人民元の交換を規制していることから、日本で仮想通貨を使って買い物をしたいという中国人旅行客が増えている。ＰＯＳシステムの仮想通貨対応は、こうしたインバウンド需要を狙うサービスとも言えるだろう。

手軽に安く海外に送金できることは、仮想通貨の最大の強みのひとつだ。銀行のサービスで海外送金をするには、何種類もの書類に記入し、相応の送金手数料を支払う必要がある。場合によっては、相手方の口座に着金するまで数日かかる。

仮想通貨の場合は、送金手数料はごくわずかだ。送金から着金にかかる時間も、ネットワークの状況次第だが、数分から数十分程度と言われる。

ただ、煩雑な手続きがない分、仮想通貨は脱税、薬物の売買など違法な行為で得た金の出どころをわからないようにするマネーロンダリング（資金洗浄）にも使われやすい。仮想通貨を使うマネーロンダリングへの対策については、各国の政府当局が議論を重ねており、国際的な規制が検討されている。

アメリカでは、違法薬物などを売買する闇サイト「シルクロード」で、ビットコインが決済に使われ、２０１３年に運営者が逮捕された。日本でも２０１４年5月、タブレット端末の中に隠した覚醒剤をメキシコから密輸したとして逮捕された男が、ビットコインを決済に使っている。同年10月9日、東京地方裁判所は有罪判決を言い渡し、判決理由の中で、「被告人はビットコインなどの匿名性の高い決済手段や通信方法を用いた」と指摘している。

仮想通貨をはじめるには

それでは、私たちが実際に仮想通貨の取引をはじめるには、どうすればいいのか。いくつかの方法があるが、ここでは日本国内の取引所を利用する方法を紹介する。

国内の取引所で口座を開設するには、まず取引所のウェブサイトにアクセスし、住所、氏名などの個人情報を登録し、ＩＤとパスワードを設定する。パソコンが手元になくても、スマートフォンだけで手続きできる取引所も多いようだ。ここまでは、通販などインターネット上の様々なサービスと似た手続きだ。

その後、運転免許証やパスポートなど、本人確認のための公的な書類を取引所側にオンラインで送る。スマートフォンで撮影した免許証の写真とともに、本人の顔と運転免許証を並べて自撮りした写真も送る。免許証に載っている顔写真と、取引所に口座を開設しようとしている人が同一人物であることを確認する手続きだ。

取引所側の審査が終わると、取引所から郵便物が送られてくる。この郵便物に記載されている認証コードを取引所のウェブサイトに入力する。本人確認がやや面倒かもしれないが、それほど難しい手続きはない。

仮想通貨交換業者は「取引所」と呼ばれているが、厳密には東京証券取引所などとは異なるビジネスモデルで運営されている。会社によってモデルの違いはあるが、おおまかに、次の３つの機能がある。

① 利用者に仮想通貨を販売
② 利用者間の売買の場を提供
③ 自己資金で仮想通貨を売買

一つ目は、取引所が市場で調達した仮想通貨を、顧客に販売する「販売所」機能だ。安く調達して高く売ることで利益を得る。

二つ目は、利用者に取引の場を提供するサービスだ。買い注文を出した人と売り注文を出した人のそれぞれが提示した価格が一致すれば、売買が成立する。取引所は、成立した取引に対して、利用者から手数料を受け取る。「取引所」という言葉のイメージに近いサービスだ。

三つ目は、例えば、利用者の仮想通貨を売りたいという注文に対して、取引所側が自らの資金で買い取り、より高い価格で売却する。売値と買値の差で利益を出す仕組みだ。取引所がそのまま仮想通貨を保有するケースもある。

販売所と取引所を比較すると、販売所の方が仮想通貨の価格を高く設定しているとされ、購入の際には注意が必要となるポイントだ。

取引所は、販売所と取引所を兼ね、自己資金での投資も行っているケースが多い。GMOコインのように、ウェブサイトで「取引所ではありません」としている交換業者もある。同社のサイトでは、明確なビジネスモデルは説明されていないが、利用者間の取引の場は提供せず、売値と買値の差で利益を出すモデルと考えられている。

「取引高」が多い取引所は、多くの手数料収入があったのに加えて、2017年末ごろまで、仮想通貨の価格が高騰を続けていた時期は、自己資金による売買でも多くの利益を得ていたとみられている。

コインチェックでは事件前、13種類の仮想通貨を売買することができた。国内の他の取引所では買えない仮想通貨もあり、利用者たちの人気を集めた。

同社は、海外の取引所から安く調達した仮想通貨に、利益分を上乗せして販売している。国内の競合他社では買えない通貨が売られていれば、購入希望者はコインチェックに集中する。そこに、2017年秋以降の仮想通貨ブームも重なった。

466億円の返金を可能にした同社の資金力は、2017年の仮想通貨の価格の高騰、ブームによる取引高の急拡大が源泉だった。

仮想通貨はまだ「買い」なのか

取引所に口座を開設した後は、仮想通貨を手に入れる。

取引所には手数料の違いなど、運営方針に様々な違いがある。日本仮想通貨交換業協会が国内の取引所17社を対象に取引実態を調べた調査結果によれば、「販売所」として顧客に仮想通貨を売る場合の手数料率（スプレッド）は、1％から5％と取引所によって開きがある。取引所として利用者間の売買の間に立つ場合は、手数料率は、マイナス0・05％からプラス0・2％で、こちらも取引所によって開きがある。マイナスの手数料とは、取引をするたびに利用者が手数料を受け取れるという意味だ。そうしたサービスで利用者を集めようとする取引所もある。

インターネット上には、取引所を比較するサイトが多数あり、ツイッターなどのSNSではセキュリティやクレームへの対応など、さまざまな評判が飛び交っているため、こうした評判も参考情報として頭に入れておきたい。コインチェックの事件で明らかになったことは、取引所を選ぶうえで、目先の手数料の安さや使いやすさ以上に重要なのが、セキュリティだということだ。セキュリティについては外部の利用者からは見えないため、専門機関が技術面の安全性を格付けする仕組みを取り入れてはどうか、という議論もある。

２０１８年春の時点では、今後の仮想通貨の価格については悲観的な見方と楽観的な見方の両方がある。

仮想通貨の値動きは、２０１７年末までと、２０１８年以降では大きな変化がみられる。２０１７年末までは、何度かの暴落局面があったものの、ほぼ一本調子で値上がりを続けてきた。しかし、２０１８年に入って以降は、価格は上下に動きながら、全体としては、下落傾向が続いている。

２０１７年末までは、一定額の仮想通貨を入手した後は、値上がりを信じて抱えておく「ガチホ」と呼ばれる手法が主流だったが、こうした手法だけで確実にもうかる状況ではなくなっている。

一方で、日本では大手企業が仮想通貨事業への参入を目指す動きが活発で、世界的にも様々なサービスが次々に誕生している。今後も２０１７年のような急激な上昇局面がありうるとみる業界関係者も少なくない。

中長期的に、上昇傾向なのか下落傾向なのかを判断するのは困難だが、毎日大きく価格が動いており、これまでのように「信じて待つ」ことで、いつの間にか数倍、数十倍に値上がりするという期待はしにくい。

仮想通貨の値動きは、為替や株と比べると、予測しにくいと言われている。仮想通貨の価格に影響しやすいと言われているのは、次の3つの要因だ。

① 技術の動向
② 政府による規制の動向
③ 政治情勢

各国政府による規制や、技術に関する動向は仮想通貨の値動きに影響しやすい。2017年には、中国政府が取引所に対する規制を強めた際に、暴落が起きた。韓国の取引所やコインチェックがハッキングの被害を受けたときには、セキュリティに対する疑問が高まり、仮想通貨の種類を問わず、やはり大きく値を下げた。

反対に、2018年4月、シリア軍が化学兵器を使用したとして、アメリカを中心とした多国籍軍がシリアに対して軍事攻撃を実施する可能性が高まった際には、仮想通貨が買われた。2013年にキプロスの経済危機で銀行の預金が封鎖された際にも、ビットコインが資金の逃避先になり、一気に価格が上昇した。

ある国の体制が揺らぐような有事には、非中央集権の仕組みに特徴がある仮想通貨に資金が流れ込むようだ。

近い将来、予想されるのは、仮想通貨と仮想通貨の競争の本格化だ。これまではビットコインの価格が上がれば、ほとんどの仮想通貨が値上がりしていたが、今後は、より広い経済圏を抱える仮想通貨が、より多くの資金を集めるフェーズが近づいている。

アマゾンが参入する

アマゾンは、仮想通貨に進出する可能性が高いと考えられている。実現しそうな近い未来の買い物は、こんな姿だろう。

アマゾンで買い物をすることが多い人は、事前にアマゾンが発行する仮想通貨を購入しておく。送金コストを抑えられる仮想通貨を使えば、クレジットカードを使って日本円で買い物をするよりも、安く買い物ができるからだ。

仮想通貨を発行するアマゾン側としては、経済圏をさらに広げていくことを目指すだろう。ネット上での決済だけにとどまらず、スーパーやレストランチェーンなど現実世界の店舗とも提携し、仮想通貨を使う機会を増やしていく。

アマゾンの業績が悪ければ、アマゾンの仮想通貨は値下がりし、期待の大きな新サービスが出てくれば値上がりする。消費者は、アマゾンの仮想通貨とほかの仮想通貨を取引所で交換してもいい。Eコマースで買い物をする機会の多い人は、会社の給与の一部を仮想通貨で受け取ってもいいだろう。

こうなると、企業群が形成する経済圏の規模とその将来性が、仮想通貨の価値を高めていくことになる。

そして、いずれアマゾンやアリババに肩を並べるかもしれないスタートアップ企業を見つけたら、その企業が発行する仮想通貨を買い、信じてガチホをするのも、ひとつの選択肢だ。

仮想通貨を自分で守る

入手した仮想通貨は、取引所に置きっぱなしにするのではなく、保管方法に注意を払う必要がある。保管には、おもに以下の方法がある。

・取引所に保管
・個人のスマホやPCのウォレットに保管
・紙に記録し、インターネットから切り離して保管
・専用の機器に記録し、インターネットから切り離して保管

コインチェック事件で明らかになったように、仮想通貨そのものはハッキングされにくくても、取引所側の管理に問題があれば、取引所から仮想通貨を抜き取られるリスクがある。世界中の大手取引所が、次々にハッキングの被害にあっている。さらに、高額の仮想通貨を保有していても、口座のパスワードを忘れてしまうリスクもある。

個人のスマホやＰＣに保管する場合も、インターネットにつなげるとハッキングの被害にあう恐れからは逃れられない。

こうしたリスクを回避するため、インターネットから切り離した「コールド・ウォレット」を使って、自分で自分の仮想通貨を守る必要がある。

ペーパーウォレットは、コールドウォレットのひとつで、紙にＱＲコードをプリンターで印刷する。このＱＲコードには、保有している仮想通貨の額などの情報が記されている。インターネットから切り離して紙の状態にしておけば、利用している取引所がハッキングされても、被害は防げる。ただし、うっかりＱＲコードを印刷した紙を無くしてしまったり、燃やしてしまったりすると、ペーパーウォレットとして保管していた仮想通貨は戻ってこない。

紙に記録している仮想通貨が必要になったときは、パソコンやスマートフォンのカメラでＱＲコードを読み取り、インターネットにつながった「ホットウォレット」に戻すことで、使うことができる。

専用の機器に保管するハードウェア・ウォレットもコールドウォレットのひとつだ。見た目はＵＳＢメモリに似ていて、インターネットから切り離した状態で持ち運びができる。

取引に必要な額は取引所の口座に入れ、一部は自分のスマホに保管し、しばらく使う予定がない仮想通貨は紙やハードウェアウォレットに保管する。分散して保管しておくことが大事なのは、普段使っている日本円と同じだ。

仮想通貨は、運よく価格上昇の波に乗って億り人になる人もいれば、暴落で大損する人もいる。

これから仮想通貨の取引をはじめるには、値動きや取引所の動向など様々な情報を自分で集めるとともに、紙のウォレットやハードウェア・ウォレットで仮想通貨を保管するなど、自分の身は自分で守ることが求められる。まず、この点を理解しておきたい。

第三章　ブロックチェーンが世界を変える

仮想通貨を支える技術

ブロックチェーンについては、前章でも少し触れたが、なかなか明確なイメージがつかみにくいかもしれない。ブロックチェーンを一言で言うと、世界中のあらゆる取引を記録できる台帳だ。日本語では「分散型台帳技術」と呼ばれている。

世界的規模の台帳と聞くと、世界のどこかに巨大なサーバーがあって、サーバーを管理する多国籍企業の存在を想像してしまうが、そうではない。

取引を記録した台帳は、特定の企業や中央銀行などの管理者が管理するのではなく、暗号化され、分散化されたネットワーク上に存在する。

特定のブロック上の取引記録が改竄されると、前後のブロックとの矛盾が生じるため不正が分かる。

この数年、仮想通貨以上にブロックチェーンが注目を集めている。改竄ができない取引記録は、無数の分野に応用できるからだ。

応用例の一つとしては、土地と建物の所有者などを記録する不動産登記簿が挙げられる。

例えば、Aさんが3000万円の土地を買い、2000万円の住宅を新築したとする。自己資金は3000万円しかなかったので、2000万円は銀行の住宅ローンを組んだ。

土地の所有権を取得して住宅を建てても、記録がなければ、だれかに取られてしまうかもしれない。土地や建物に関連する権利を記録しておくのが登記簿だ。現在は、あちこちにある法務局で、登記簿にAさんが土地の所有権を取得し、住宅を建てたことを記録してもらう。

銀行は、住宅の新築に必要な費用を貸し、きちんと返済されなければ住宅を差し押さえるため、土地と建物の抵当権を、登記簿に記録してもらうことになる。記録がなければ、Aさんは「お金なんて借りてません」と言い張るかもしれない。

ブロックチェーンは、登記簿などの文書を記録するのに向いている。改竄が不可能だとされるブロックチェーンでは、仮にだれかがデータを書き換えたとしても、書き換えたことが記録されるからだ。

ブロックチェーンに詳しいエンジニアと、こんなやり取りをしたことがある。

「実はこのビル、ぼくが持ち主なんです」
「へー、すごいね」
「どうしたら、信じてくれますか」
「登記簿を見て、所有者の欄に名前が載っていたら信じるかな」

「じゃあ、登記簿がないとします。それでもぼくの言葉を信じてくれますか」

「いや、信じない」

「このフロアの全員が、ぼくが持ち主だと言ったら」

「このフロアの人全員と口裏を合わせるのは、やろうと思えばできそう」

「このビルの上から下まで全員と話して、全員が、ぼくが持ち主だと言ったら」

「そろそろ信じていいかどうか迷うね」

「じゃあ、渋谷区の人全員がそう言ったら」

「いよいよ信じるかも」

「ブロックチェーンって、そういう仕組みだと思うんです」


登記簿に記録するだけであれば、すでに登記簿は電子化されているし、ブロックチェーンがそこまで大きな技術革新とは思えない人もいるだろう。だが実際は、極めて重要な革新だ。

なぜなら、ブロックチェーンを使えば、記録と同時に様々な取り決めをすることができるからだ。銀行から2000万円を借りて住宅を新築した人が、借金を完済したときは、銀行が住宅に設定していた抵当権を抹消することになる。抵当権が消滅した事実は、今は法務局

ブロックチェーンの仕組み（イメージ）

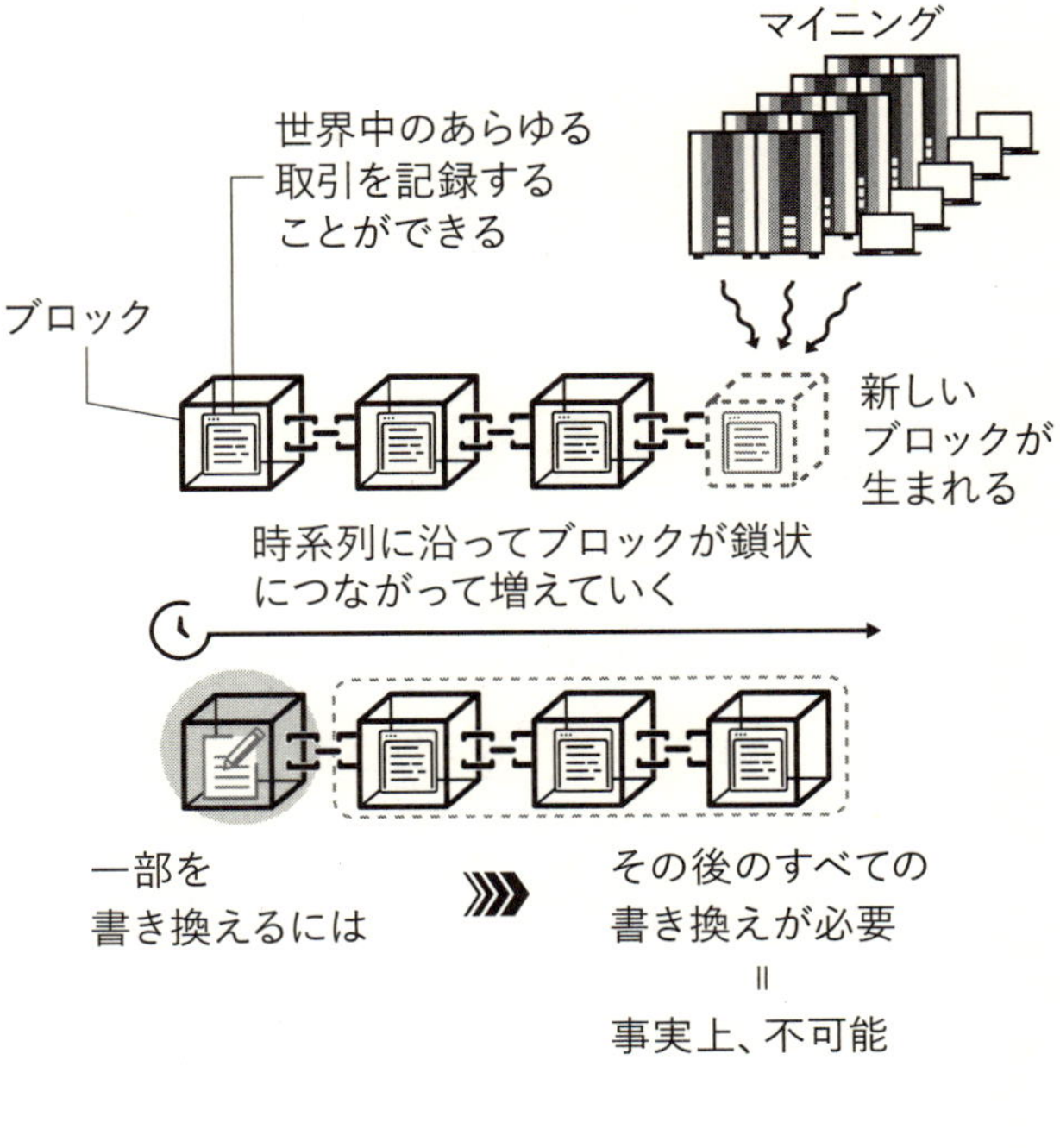

で登記簿に書き込んでもらわなければならないが、ブロックチェーンを使えばその手間と費用が不要になるのだ。

こうした契約を巡る一連の手続きを、ブロックチェーンと自動化のプログラムを使って効率化する仕組みが、スマートコントラクトと呼ばれる新しい契約のあり方だ。

スマートコントラクトでは、事前に様々な取り決めをしておく。Aさんが借金を完済したときは、ブロックチェーン上の登記簿に、金融機関の抵当権が消滅したことが記録されるという取り決めをしておくことも可能だ。自動化することで面倒なやり取りを省略し、煩雑《はんざつ》な手続きを効率化できることから、様々な分野での応用が期待されている。

例として示した不動産取引の分野では、スウェーデン、ブラジルなどでブロックチェーンに土地や建物の権利や義務を記録する取り組みが始まっている。

マイニングって何？

仮想通貨について様々な人と話すと、「理解が追いつかない」と言う人が多いのが、マイニング（採掘）と呼ばれるコンピュータ上の作業だ。

マイニングとは、ビットコインなどの取引記録をブロックチェーンに追記する作業で、それには膨大な計算が必要だ。

マイニング（採掘）を金塊掘りにたとえると……

米国
中国
ロシア
日本
…
…
世界中の様々な場所で、バラバラに金を掘るパワーを……
一つに集約してどんどん金を掘っていく
＝
ブロックチェーン上に、新たなブロックが登場する
バラバラで掘った人々には、その労力に応じて、報酬が支払われる

マイニングをする企業や個人はマイナー（採掘者）と呼ばれている。ビットコインの仕組みでは、マイナーが計算のためにコンピュータの処理能力を提供し、計算に貢献したマイナーに報酬が支払われる。

報酬を得るには、計算能力の高いコンピュータが必要になる。世界中のマイナーが、巨大な施設に多くのコンピュータを並べて、計算作業をしている。

では、その計算とはどんなものだろうか。わかりやすく言うと、総当たり方式と言われる計算で、スーツケースなどについているダイヤル式の南京錠の、事前に決めた数字を忘れてしまったときの作業を思わせる。000から始めて、001、002と、999まで、どの数字で解錠できるか順番に総当たりで試す。マイニングは、これに似ている膨大な作業を、世界中のコンピュータが一斉にやっているようなものだと理解していいだろう。

マイナーには約10分ごとに、報酬として新しく発行されるビットコインが支払われ、現在の報酬は12・5BTC。1日あたりの報酬の総額は、1800BTCになる。ビットコイン価格の変動で上下するが、4月1日現在で日本円に換算すると1日で13億円ほどになる。この13億円の獲得を、世界中のマイナーが競い合っているというわけだ。

麗澤大教授の中島真志は、2017年末までビットコインが価格の上昇を続けてきた背景には、このマイニングの仕組みがあると分析している。

実は、ビットコインは発行上限が定められている。いまから122年後の2140年までに2100万BTCが発行され、それ以降、新規の発行はしないとされている。上限が定められたのは、ビットコインに金などのような希少価値をもたせるためだと言われている。いまのところ、2009年に取引が始まって以降の値上がりをみると、設計者の意図は現実になっていると言えるだろう。

新規に発行されたビットコインを受け取るのは、マイナーだが、報酬には「半減期」がある。最初は50BTCだった報酬は、2012年11月に25BTCに半減し、2016年7月に12・5BTCになった。

中島は「発行上限があり、供給量が絞られていく仕組みである以上、理屈のうえでは値上がりがしやすい」と説明する。

1口5億円のマイニング代行サービス

日本でも、GMOインターネットやSBIグループ、DMM.comなどの大手企業がマイニングに参入している。

GMOインターネットは2018年2月9日、仮想通貨のクラウドマイニングのサービスを8月から始めると発表した。同社は、ビットコインなどのマイニング（採掘）に参加したい企業や個人を募り、必要な設備を貸し出す。設備のレンタル料は、1口500万米ドル(約5億4000万円)と超強気の価格設定だ。

代表の熊谷正寿(54)は「世界中から問い合わせが殺到し、事業の成功の感触をつかんでいる」と話す。

GMOインターネットが、最初にマイニング事業への参加を表明したのは2017年9月だ。マイニングには、コンピュータを効率よく冷やすため寒冷地が適しているとされ、また計算には大量の電力が必要なことから、電気代の安い国・地域が向いている。このため、同社は北欧の2ヵ国にマイニングセンターを開設している。

GMOインターネットはマイニングで、事業を開始した2017年12月に9000万円、2018年1月には1億1000万円の報酬を得た。段階的に、投入するマシンパワーを上げていくことで、獲得するマイニング報酬を上げていく考えだ。

マイニングは、世界中で参入が殺到しているため、必要なマシンの供給が追いついていない。このため、GMOインターネットは、マイニングへの参入を希望する企業や個人に設備をレンタルし、管理手数料を受け取るビジネスを始める。3月から申し込みを受け付け、レンタル料は1口500万米ドルで、契約期間は2年間としている。同社は、マイニング専用の半導体チップの開発も進めており、今後、マイニング事業に投入する予定だ。

ＧＭＯインターネットグループでは、マイニング事業に加えて、ＧＭＯコインが仮想通貨交換業を手がけている。仮想通貨に関連するビジネスは、騰落の激しい仮想通貨の値動きに大きく左右される。このため同社は、２０１８年度12月期の連結業績予想を非開示とした。「現時点で、仮想通貨事業、インターネット事業の業績予想を合理的に算出することは困難」としている。同社は、２０１８年末までに、総額で３８０億円をマイニング事業に投資する計画だ。

ネット証券大手のＳＢＩグループでは、SBI Crypto社がマイニングを手がけている。参入を決めた背景は、マイニングに携わるプレーヤーが中国に集中している点だという。ＳＢＩホールディングス社長の北尾吉孝は２０１７年11月30日、プレゼンテーションの中で、次のように述べている。

「中国にマイニングが偏在している。中国だけで、マイニング活動の6割以上を占めている。なんでこんなことができたかというと、中国の電力料金が安かったんです。産業用で、政策的に特別に安くしてもらった。それで、こういう形になった」

ＳＢＩグループはおもに、ビットコインから派生した仮想通貨のひとつビットコインキャッシュのマイニングを事業化している。北尾はライバル企業への対抗意識を隠さない。

「ＧＭＯが発表しているよりも、早い段階で始めている。もっと安い、びっくりするような国でやります」

DMM.comは2018年2月、金沢市にマイニングの拠点を開いた。規模は延べ床面積で500平方メートルで、1000台のマシンが稼働しているという。この「マイニングファーム」はショールームも兼ね、見学も受け付けている。同社は「将来的には世界のマイニングファームのトップ3に入る規模」を目指しているという。

ブロックチェーンの何がすごいのか

改竄が不可能とされるブロックチェーンは、幅広い分野への応用が期待されている。もともと仮想通貨のために開発されたブロックチェーンではあるが、逆に仮想通貨が、ブロックチェーンの技術を使う応用例の一つととらえることもできるだろう。

電力分野でのブロックチェーンの活用も進んでいる。

中部電力などは2018年3月に、集合住宅の駐車場などで、だれが電源を使ったかを管理し、電気自動車の充電などに活用する仕組みの実験を始めた。

マンションの駐車場に電源を設置すると、だれが電気自動車を使ったか把握することは難しい。住民たちが支払う共益費から、駐車場の電源の電気料金を支払うと、電気自動車の所有者だけが得をすることになる。セルフサービスのガソリンスタンドのように、駐車場に自

マイニングファームに並ぶ無数のマシン　ジェネシス・マイニング提供

動販売機のような設備を置くこともできるが、小規模の集合住宅では、こうしたコストは重い。

こうした問題を解決するためにブロックチェーンを利用する。電気を使いたい利用者は、スマートフォンのアプリで、電力の利用権をトークン（引換券に相当）として購入する。電気自動車の充電をするときは、スマートフォンで必要な電力量のトークンを支払うと、電源が使えるようになる。スマートコントラクトを利用する仕組みだ。

こうした仕組みを使えば、電気自動車専用の電源設備を導入するよりも安価に駐車場に電源を設置できることから、電力会社側としては電気自動車の普及の呼び水にする狙いもありそうだ。

医療分野への応用を目指す取り組みも進んでいる。多くの人にとって重要になるかもしれないブロックチェーンの利用法は、個人の診療情報の保管だ。

ブロックチェーンが実現した大きなイノベーションと言われるのが、情報の「移転」だ。メールに写真を添付して送ると、送った人の手元にも写真は残り、受け取る人にはその写真のファイルのコピーが送られる。しかしお金のやり取りでは、送金した人の手元にお金が残っては取引は成り立たない。ブロックチェーンを使えば、送金した人の手元には送った仮想通貨のデータを残さず、受け取る人に移転する取引が可能だ。

診療情報については、これまでも今も、医療機関が保有している。しかし、医療機関に自分の診療情報を保有させておくのはいやだ、という人もいるかもしれない。そこで、ブロックチェーンを活用すれば、医療機関側には診療情報を残さず、個人が自分の診療情報を管理することができるようになる。カルテのコピーを医療機関に「もらう」行為とは、明らかに異なる。唯一無二の診療情報を、自分で管理するのだ。

自分の個人情報は自分で管理し、必要なときは一時的に預けて、使い終わったら返してもらう。そんな時代が迫っているのかもしれない。

ブロックチェーン上で「結婚」した若者

ブロックチェーンは幅広い分野への応用が期待されるが、ユニークな例もある。事実上、改竄が不可能とされるブロックチェーンに結婚を記録したカップルがいる。

発達障害と診断された人たちがプログラミングやデザインを学ぶ学校「ギフテッド・アカデミー」を運営するエンジニアの河崎純真《じゅん》（26）と美加恵（22）の二人だ。２０１８年1月23日に、ブロックチェーン上に〝We got married!〟と、二人の結婚の事実を書き込んだ。河崎純真は、盗難されたＮＥＭの取引履歴の解析に協力してくれたエンジニアの一人でもある。

ブロックチェーン上に結婚を書き込むとは、具体的にはどんな行為なのだろう。

ブロックチェーン婚で二人は、有力な仮想通貨のひとつイーサリアムのシステムを使った。結婚をしたこと、二人の氏名、日付をイーサリアムのデータベースに書き込んだ。

この記録は消すことができない。

今回、二人はブロックチェーン上に「結婚しました」という「約束」を書き込むのにとどめたが、技術的には様々な取り決めもできる。

前に述べた、スマートコントラクトと呼ばれる新しい契約のあり方だ。

例えば、日本では一般的ではないが、欧米では結婚前に二人の財産をどのように共有するかなどを事前に取り決め、契約を交わしておくことがある。イーサリアムでひとつのウォレット(口座)をつくり、夫婦の双方が、毎月の最終日に生活費として決まった額を、このウォレットに送るよう「契約」しておくこともできる。

毎月、最終日に到達するという条件を満たすと、夫と妻の双方の口座から事前に約束した額が自動的に送金される。契約と自動化を組み合わせることで、人間が関与する手間や、事務作業のコストが効率化できる。

二人の出会いは、美加恵が2017年11月ごろからギフテッド・アカデミーでアルバイトをしたことがきっかけだ。美加恵によると、「じゅんじゅんの猛アタック」で12月8日から交際をはじめた。美加恵は、純真のアカデミーの活動を見て「自分はあまり幸せそうには見えない人だけど、まわりの人を幸せにしようとしているのが健気《けなげ》だな」と思ったという。

二人は12月20日から、友人たちといっしょに1ヵ月ほどかけて、グアテマラ、コスタリカ、メキシコを旅行した。

なかなか他者に心を開かないという純真は、美加恵と過ごすうちに、自分の心が開いていくのを感じたそうだ。

12月30日、「結婚しよう」とプロポーズした純真に、美加恵は「いいよ」と答えた。12月上旬に交際を始めてからプロポーズまでおおむね3週間。1月23日のブロックチェーン婚までは、1ヵ月半だった。美加恵は「10年付き合って結婚しても、別れる人は別れる。断る理由もないし、日数は関係ないなと思って」と振り返る。

「愛の証明を国に出すのがイケてない」と言う純真は当初、ブロックチェーン婚だけで済まそうとも考えていた。しかし、美加恵が「河崎の名字になりたい」と言うので、2月1日に区役所に婚姻届を提出した。

ブロックチェーン婚を望んだ二人だが、法律婚もやってみると悪くなかったと言う。美加恵は「ブロックチェーンの方は、となりでパソコンをいじっているなと思ったら、『できたよ』って。でも、婚姻届は自分で書いたから実感があった」。純真も「区役所に行くのは、わくわくした」と言う。

法律婚から間もなく、美加恵が妊娠していることもわかった。二人は、生まれてくる子のことも、ブロックチェーンに記録するつもりだ。

ブロックチェーンは極めて幅広い分野に応用が可能だとされており、世界中でスタートアップ企業が次々に設立されている。

子どもの誕生、結婚、企業と企業の契約、文書管理、土地取引、ミュージシャンとその楽曲を聞く人との契約など、ブロックチェーンが活用される可能性が高い分野を挙げればきりがない。

考えてみると私たちは、ラインやメッセンジャー、メールで会食の日時を決め、グルメサイトで店を選び、カレンダーアプリにその予定を書き込んでいるが、一連の行動すべてにインターネットを使っている。

日常の生活や仕事で、当たり前のように使っていても、インターネットの存在を意識することはそれほどない。ブロックチェーンがそういう存在になる日は、決して遠くはないだろう。

第四章　仮想通貨元年

「ビットコインって知ってる?」

ビットコインは日本でどのように始まり、少しずつ広がってきたのだろう。初期の段階からビットコインに関わってきた人たちの取り組みを理解することは、今後の展開を予測するうえでも重要だろう。

ビットコインの取引が始まってから1年が過ぎた2010年、その存在は少しずつ知られるようになった。金融の世界で前線に立つトレーダーたちの一部も、ビットコインに興味を示し始める。

「ビットコインって知ってる?」

後に仮想通貨取引所ビットフライヤーを立ち上げることになる、加納裕三(42)もそのひとりだ。加納は当時、投資銀行ゴールドマン・サックス証券に勤めていた。ビットコインを知ったのは、同じトレーディング・フロアで働いていたドイツ人トレーダーとの、ちょっとした会話がきっかけだった。同僚のパソコンで、ビットコインのシステムにアクセスする様子も見せてもらった。

加納は「実は、あまりよく覚えていない。これが後にすごいことになると分かっていれば、記憶に残ったと思うが、また新しいおもちゃが出てきたなあというぐらいの印象だった」と振り返る。

2000年代、インターネットで使う擬似的な通貨が現れては消えていた。ネット上の仮想世界で生活するセカンドライフにも、リンデンドルが登場している。セカンドライフでは、仮想世界の中でビジネスを始めることもでき、稼いだリンデンドルを米ドルに交換することもできた。

日本でも、電子マネーを称した「円天」が登場している。健康寝具販売会社エル・アンド・ジーが、高配当をうたって円天への投資を呼びかけ、巨額の金を集めた大型詐欺事件で、創業者らが2009年に逮捕されている。

「よく覚えていない」とは言うものの加納は、ビットコインの存在を頭の片隅に置き、サトシ・ナカモトの論文も読んだ。

しかし、ビットコインを巡る様々な取り組みは、爆発的には広がらなかった。世界中に点在する一部のエンジニアやオタクたちが愛好する「おもちゃのおカネ」のまま、3年が過ぎた。

キプロス危機とバーナンキ発言

2013年3月、ビットコインを取り巻く状況に大きな変化が訪れる。地中海に浮かぶ小国キプロスの金融危機だ。

四国の半分ほどの面積のキプロスは、2012年のデータで人口約113万5000人、GDP（国内総生産）約250億米ドルの小さな島国だ（人口、GDPとも世界銀行より）。この国は、タックスヘイブン（租税回避地）として知られ、世界中から「節税」や「脱税」を狙う資金が集まっていた。ウォール・ストリート・ジャーナルによると、キプロスの銀行の資産は当時、GDPの8倍、預金残高は4倍に達していたとされる。

2010年以降のギリシャの財政危機で、経済的にギリシャとの結びつきが強いキプロスの銀行に巨額の損失が発生した。キプロス経済は混乱し、同国は欧州連合（EU）に対して、支援を要請した。2013年3月、EU側は100億ユーロの金融支援を決めたが、支援の条件として、キプロス側には、銀行の預金に対して課税するよう求めた。

キプロスでは、銀行に預金している市民があわてて預金を引き出す取り付け騒ぎが起き、3月16日には預金が封鎖された。

キプロス危機で、ビットコインは、政府の権限が及ばない新しい通貨として注目を集めた。アメリカの仮想通貨情報サイト・コインデスクによれば、2013年1月1日に1BTC13・3米ドルだったビットコインの価格は、3月31日の時点で93・03米ドルと3ヵ月で約7倍に急騰した。

「なにこれ。ああもう、これはすごい」

キプロス危機を発端に、ビットコインに資金が流れ込む過程を見つめていた加納は、大興奮だった。「こんなものにお金を出して買う人がいるのか」と、当初は冷静に事態の推移を見ていた加納が、初めてビットコインを買ったのはキプロス危機後のことだ。

ビットコインにとっては、2013年はもう一つの転機があった。

アメリカの中央銀行にあたる連邦準備制度理事会（FRB）の議長を務めていたベン・バーナンキが、上院国土安全保障・政府問題委員会に宛てた2013年9月6日付の書簡の中で、仮想通貨について「特に、イノベーションによって、より速く、より安全で、より効率的な支払いシステムが促進されるなら、長期的には有望だろう」と述べた。

この発言は当時、アメリカの中央銀行がビットコインを、容認する姿勢を示したものと受け止められた。

この年の11月18日、イギリスのフィナンシャル・タイムズは「バーナンキのちょっとした手助けで、ビットコインが785ドルに到達」と報じている。

コインデスクのデータによれば、この書簡の日付になっている9月6日には、ビットコインの価格は1BTC116・32米ドルだったが、9月から11月にかけて価格は爆発的に上昇した。11月28日には、1000ドルを超え、1037・75ドルに達している。

加納はこのころ、「これはもう、絶対に来る」とビットコインの将来を確信した。

「なにかフィンテックで起業をしたいとずっと思っていた。自分の人生は限られているから逆算をして、やるべきタイミングでなにをやるかを常に考えてきた。40代で起業しても、もう体が動かない。だから、さすがに30代で起業しないと間に合わない。20代で起業しても実績もないから資金調達ができない。だから、30代のどこかで起業したいなと」

加納はこの年の暮れ、ゴールドマン・サックス証券を退職した。

マウントゴックスの成功と破綻

加納裕三が起業を決意した2013年暮れごろまでの数年間、世界のビットコイン取引の中心は、東京にあった。フランスから東京にやってきたマルク・カルプレスが運営していたマウントゴックスだ。正式な社名は株式会社MTGOXと言う。元は、カードゲーム「マジック・ザ・ギャザリング」のカードを交換する取引所で、「Magic: The Gathering Online eXchange」の頭文字が社名になっている。

マウントゴックスの破産管財人がアメリカのテキサス州北部地区連邦裁判所に提出した破産手続きの資料によれば、マウントゴックスは当初、別の経営者が運営しており、2010年ごろにインターネット上でビットコインを交換するサービスをはじめたとされる。

カルプレスは２００９年10月、自らの会社であるティバンを東京で立ち上げた。その後、２０１１年２月ごろに、ビットコインの取引を始めていたマウントゴックスの譲渡を受けたとされる。２０１１年８月、カルプレスを社長として東京都内でマウントゴックスが設立されている。

マウントゴックスは、ビットコインを買いたい人と売りたい人を仲介し、売買を成立させるサービスを提供していた。

２０１０年７月にサービスを開始したマウントゴックスは、ビットコインへの注目が集まる中で急成長し、次第に世界で最大のビットコインの取引所となる。２０１３年ごろのピーク時には、世界のビットコイン取引の８割がマウントゴックスに集中していたとも言われる。

ビジネスとしては成功した一方で、マウントゴックスはセキュリティに大きな難題を抱えていた。サービス開始以降、常にハッキングにさらされていた。事業の譲渡を受けて間もない２０１１年６月にも、ハッキングを受けて、一時的にサービスを停止している。

マウントゴックス側は、ビットコインの取引やマイニングに使うソフトにバグがあり、このバグが原因でたびたび不正アクセスを受けていたと説明している。

２０１３年11月、バーナンキの発言をきっかけにビットコインの売買をはじめた加納裕三も、マウントゴックスの利用者のひとりだった。急激な価格上昇で、日本でも一部の人たちの間で、ビットコインへの注目は高まっていた。

その一方で、セキュリティに大きな問題を抱えていたマウントゴックスの危機は次第に深刻さを増していた。

2013年12月ごろには、国内外のビットコイン愛好者たちの間でも危機が話題になりはじめる。加納は「2013年末には、ゴックスやばいでもちきりだった」と振り返る。

2014年2月25日、マウントゴックスはサービスを停止した。同月28日には民事再生法の適用を東京地方裁判所に申し立て、同社は事実上、経営破綻した。当時、マウントゴックスは、正社員、契約社員、アルバイトを合わせて32人を雇用していたという。

財務省によれば、国内で1000人ほど、国外に「万単位」の債権者がいたという。

マウントゴックス側は当初、利用者が保有していた約75万BTCと自社が保有していた約10万BTCの、計約85万BTCが「消失した」と説明していた。しかし、約3週間後の3月20日になって、約20万BTCについて、「別のウォレットから見つかった」と発表した。

こうした経営破綻前後の不透明な対応から、カルプレス自身が、ハッキングに関与したと疑う声も上がった。

2015年8月に、カルプレス自身も逮捕され、その後、私電磁的記録不正作出・同供用罪及び業務上横領の罪で起訴されている。２０１８年４月の時点で、東京地方裁判所で裁判が続いており、カルプレスは無罪を主張している。

マウントゴックスの破綻から3年半が過ぎた２０１７年7月、事件は急展開した。アメリカの司法省が、マネーロンダリング（資金洗浄）などの疑いで、ロシア国籍のアレクサンダー・ヴィニックをギリシャで逮捕した。ヴィニックはビットコインの取引所ＢＴＣ―ｅを運営しており、この取引所を通じて資金洗浄に関与していた疑いがあるという。さらに、マウントゴックスからのビットコインの流出にも関与していたとされている。

ビットフライヤー創業

ゴールドマン・サックス証券を辞めた加納は、取引所ビットフライヤーを立ち上げた。登記簿上の会社設立は２０１４年1月9日となっている。この日は、加納の38歳の誕生日でもあった。

ゴールドマン・サックスで、決済システムをつくっていたエンジニアの小宮山峰史《たかふみ》（46）が、加納とともに、共同創業者になった。当初はオフィスはなく、四谷三丁目のパン店アンテンドゥで、加納と小宮山は並んで、オンライン取引所のプログラムを書いた。

会社を立ち上げて間もなく、マウントゴックスが破綻し、ビットコインの価格は暴落を始めた。加納は「会社をやめて、起業して、1ヵ月後にゲームオーバー。オレは運が悪い」と、絶望的な気分になる。

一方で、小宮山は「コンペティター（競争者）がいなくなったね」と、前向きに事態を受け止めていた。加納は「共同創業者が前向きだったからよかったが、一人だったら心が折れていたかもしれない」と創業当時を振り返っている。その時点では、資金調達をしておらず、事業に失敗しても、自分たちの貯金が減るだけで済む、という思いもあった。

2014年6月ごろ、ベンチャーキャピタルから1億2000万円の資金を得た。ビットフライヤーはこのころ、最初の正社員を雇用している。

創業当初は、資金調達を目指して、国内やアメリカのベンチャーキャピタルにプレゼンをして回ったが、反応は芳《かんば》しくなかった。

「ブロックチェーンとビットコインで世界は変わる。国際展開もする」とビジョンを語る加納に対して、投資家たちの視線は厳しかった。

「何ができるの、実績ないじゃん」

当時の状況を考えると、仮想通貨を取り巻く状況は厳しかったこともよくわかる。マウントゴックスの事件で、政府がどのような規制を打ち出すのか、見通しは立たない。通貨として使われる大前提となる「信用」が、ビットコインには欠けていた。

ビットフライヤーの社内に置かれている「分散社会元年」ダルマ　今村拓馬撮影

「1時間くれる」との約束で、アメリカのシリコンバレーに出かけたが、20分ほどで「もう、いいよ」と打ち切られたこともあった。

「法律も変える。業界団体をつくって自主規制もきちんとやる」と真顔で訴える加納に、やはり投資家たちは冷たい。「そんなの、できるわけないじゃん」。

席を立って帰ってきたことは、一度や二度ではない。

　創業から1年が過ぎた２０１５年は、ビットフライヤーにとっては比較的、静かな年だった。マウントゴックス事件の余波で、仮想通貨への期待もしぼんでいた。

　一方で、改竄不可能とされるブロックチェーンへの期待は高まり、ビットフライヤーには次第に資金が集まり始める。２０１５年１

月には、リクルート傘下のベンチャーキャピタルなどから総額1億3000万円の資金調達に成功した。そして、この年8月には、三菱UFJキャピタル株式会社、株式会社電通デジタル・ホールディングス、日本経済新聞社グループのQUICKなどから総額5億1000万円を調達している。

ブロックチェーンへの注目が次第に高まる中で、ビットフライヤーは2015年10月に「Blockchain」の商標登録を出願し、2016年6月に商標登録している。「BITCOIN」の商標についても譲渡を受ける形で権利を取得している。

ロビー活動

ビットフライヤーを立ち上げた加納裕三は、マウントゴックスが破綻したのち、ひとりで政府に対するロビー活動を始めた。

知り合いの官僚を通じてアポを取り、財務省にプレゼンに出かけた。仮想通貨とはなにか、ブロックチェーンとはなにか、ビットコインとはなにか——。ひとつひとつ説明し、仮想通貨を取引する際に課税される消費税を巡る問題点なども説明したが、役所側には、まったく響かなかったようだ。

仮想通貨は、政府や中央銀行など中央にいる管理者が必要ない仕組みとして設計された。

この前提で考えると、ビットコインと規制は相容れないものにも見える。だが、加納は当初から政府に対して、規制の必要性を訴えていた。

「ずっと金融機関にいたので、規制なしでは、仮想通貨は定着しないと思っていた。ありとあらゆる法律に引っかかるから、規制なしでは絶対につぶされる。それなら適切な規制をつくってほしいと考えた」

マウントゴックス事件をきっかけに、仮想通貨は、霞が関と永田町の一部で関心事になった。

マウントゴックスの破綻から1週間ほどが過ぎた2014年3月7日、麻生太郎財務大臣が記者会見でビットコインについて、記者の質問に答えている。

記者「ビットコインについてですが、基本的な考えとして一部に以前報道などで、銀行での取り扱いや証券会社の売買、仲介は禁止するといったようなのもあったのですが、そういったようなものは考え方としてあり得るのでしょうか」

麻生「通貨ではないですから。したがって、まず所管は金融庁ですか、財務省ですか。だまされた方がいるのですから消費者庁ですか。物が動いているのですから経産省ですかと、少し意見の分かれるところでもありますので、今の段階でもう少し実態をよく分かっている人達ともう少し把握に努めませんと、今の問いには何とも言えないところです。取り締まり担当としては警察なのではないですか」

このやり取りから見えてくるのは、仮想通貨については当時、どの省庁が所管するかも、決まっていなかったということだ。

政府はこの日、ビットコインの位置付けについて、次のような見解を示す答弁書を出している。

・（政府や中央銀行など）特定の発行体が存在しない
・各国政府や中央銀行による信用の裏付けもない
・ビットコインは（現行法が定めるところの）通貨に該当しない
・強制通用力が担保されていないビットコインは通貨には該当しない

「仮想通貨法」制定へ

霞が関や永田町とのやり取りについて、加納はあまり多くを語らない。しかし、創業以降、中央省庁や、政治家、金融関連の業界団体などを回って、繰り返し仮想通貨の重要さを説明したようだ。加納は当時について、「どれだけ説明を繰り返したか分からない」と振り返っている。

マウントゴックスの破綻から4ヵ月が過ぎた2014年6月19日、自民党IT戦略特命委員会が、「ビットコインをはじめとする『価値記録』への対応に関する【中間報告】」を公表している。当時はまだ、仮想通貨という言葉も定まっておらず、この時点では「価値記録」と呼んでいた。自民党の報告書のポイントは主に、以下の3点だ。

①　ビットコインをはじめとする「価値記録」のやり取りはビジネスにおける新たなイノベーションを起こす大きな要素となりうる

②　日本が「価値記録」関連のビジネスを世界で最もやりやすい国となり、投資と企業を呼び寄せる力をつけていかなければならない

③　そのためには、「価値記録」の交換を利用者の自己責任に帰す一方で、既存の規制で縛りつけることをできるだけ避けることを前提としたルールを確立することが大切である

当時、規制よりもイノベーションにかなりの比重を置いていたことがわかる。報告書は「『価値記録』関連ビジネスの今後の拡大を期待し、規制は限定的（にすべき）」とまで述べている。

仮想通貨はイノベーションの原動力となる可能性がある一方で、ビットコインは匿名性の高さから、違法な薬物の取引、武器の密売、マネーロンダリング（資金洗浄）などにも使いやすい。

このころから、国際社会でも、マネーロンダリングやテロ資金への対策に絡み、仮想通貨の規制を巡る議論が活発になっている。

２０１５年６月、ドイツのエルマウで開かれたＧ７（主要７ヵ国）首脳会議では、「イスラム国」をはじめとしたテロとの闘いに関連して、仮想通貨が議論されている。首脳会議が開かれるたびに、会議の成果品として公表される首脳宣言では、仮想通貨の「適切な規制」に言及している。

「テロとの闘い及びテロリストへの資金供与はＧ７にとっての主要な課題である。我々はテロリストの資産凍結に関する既存の国際的枠組みを効果的に履行するとのコミットメントを再確認し、Ｇ７各国間での国境を越えた資産凍結要請を円滑化する。我々は、仮想通貨及びその他の新たな支払手段の適切な規制を含め、全ての金融の流れの透明性拡大を確保するために更なる行動をとる。我々は、金融活動作業部会（ＦＡＴＦ）により行われている活動の重要性を再確認し、この活動に積極的に協力することにコミットする。我々は、強固なフォローアップ・プロセスを通じたものを含め、ＦＡＴＦの基準の効果的な履行を確保するために努力する」

この２０１５年６月の首脳宣言について金融庁は「日本で仮想通貨を扱う業者をどう規制するかについての議論が本格化するきっかけになった」と説明している。

実務面の議論が行われたのは、宣言に出てくるＦＡＴＦ（Financial Action Task Force on Money Laundering）という政府間会合だ。「マネーロンダリングに関する金融活動作業部会」と訳される。テロを防ぐために、国際的な資金の流れをどのように監視していくかなどを議論する場だ。

国際送金の実務を担う金融機関には、利用者の本人確認や、マネーロンダリングなどが疑われる取引については、金融規制当局や捜査機関への通報の義務が課せられる。

テロ対策を進めるうえで、こうした規制の枠組みの中に、仮想通貨も取り込んでいく国際的な流れができたと理解していいだろう。

「通貨ではない」とされている仮想通貨をどうやって規制の枠組みに取り込んでいくのか。日本では、決済の手段として仮想通貨を位置づける方向で議論が進んでいく。

２０１４年９月26日には、麻生太郎・金融担当大臣が、金融制度などを議論する「金融審議会」に対して、決済サービスの高度化について検討するよう諮問した。

２０１５年11月16日には、金融審議会の「決済業務等の高度化に関するワーキング・グループ」で、仮想通貨取引所ビットバンク社長の廣末紀之（50）と加納が招かれた。

加納はここでも「仮想通貨とはなにか」を解説したうえで、規制を巡る課題について説明している。加納は「本人確認」と「仮想通貨の事業の位置づけのあいまいさ」などを仮想通貨の課題として挙げた。

本人確認については当時、業者ごとに確認方法がバラバラだった。現在は、運転免許証やパスポートと本人の顔を一緒に撮影して、業者に提出するなどの方法が定まっているが、当時は、確認がゆるい業者もあった。薬物の売買や脱税で手に入れた金をきれいにしたいといった、他人には隠したい理由で仮想通貨がほしい利用者は当然、確認のゆるい業者に流れていく。

当時は、仮想通貨を「あやしい」「詐欺」と見る人がまだ多かった。マウントゴックスで多額の資金が「消失」したとされたことも、あやしいとの見方を強める一因だった。短い期間で広く一般に受け入れられるには、仮想通貨の仕組みは複雑すぎる。

加納はワーキンググループで、仮想通貨の事業として行うことのできる範囲があいまいなため「新規事業を積極的に行えない」、そして、仮想通貨の業者だからという理由で「銀行、広告、投資家らに拒絶される」と訴えている。

翌2016年5月、仮想通貨の交換を行う業者に登録を義務づける制度を柱として、資金決済法が改正された。

取引所の登録制度がはじまった

2017年4月1日、改正資金決済法が施行された。この法改正について金融庁は、コインチェック事件後の記者向けの説明の場で、「いわゆる業者、取引業者に対する規制と監督については世界に先駆けて制度を導入している。これは間違いない事実だ。規制と監督態勢すら入っていない国もある」と述べている。

仮想通貨にのめり込んでいた日本のエンジニアやオタクたちの多くは「世界ではじめて法律で仮想通貨が通貨として認められた」と喜んだ。

とはいえ、この理解は不正確だ。法律上、仮想通貨の定義が規定されたが、仮想通貨が法定通貨になったわけではない。この点について金融庁は「日本円やドルなどのように国がその価値を保証している法定通貨ではない」と様々な文書や記者会見などで繰り返し、正確な理解を促そうとしている。金融庁によれば、日本の法律では仮想通貨は次のようなものとされた。

・代価の弁済のために不特定の人に対して使うことができる
・不特定の人を相手方として購入及び売却を行うことができる
・パソコンやスマートフォンを使って記録・移転することができる
・法定通貨または法定通貨建ての資産でない

仮想通貨の定義の一つ目のポイントは、不特定の相手に使うことができることだ。例えば特定の飲食チェーンだけで使うことのできるクーポンのようなコインがあったとしても、それは仮想通貨にならない。

二つ目のポイントは、日本円や米ドルなどの法定通貨と交換できることとされる。

利用者から預かった仮想通貨や日本円などを、会社や会社の経営者の資産と切り分けて管理する「分別管理」の徹底も重要な点だ。マウントゴックス事件で逮捕・起訴されたマルク・カルプレスについて検察は、取引所の資産を個人の買い物に使っていたと指摘している。

仮想通貨交換業者の登録制度もはじまったが、２０１７年４月に登録された企業はない。ビットフライヤーやコインチェック、Ｚａｉｆを運営するテックビューロなど、法律の施行前から取引所を運営していた企業が存在したため、金融庁は経過措置を設けた。

２０１７年４月の改正資金決済法の施行以前から、複数の企業が、仮想通貨の交換を行っていた。一方で、正式に登録するには審査に時間がかかる。登録の審査中に営業を認めなければ、顧客に混乱や不利益が生じるおそれがあることから、金融庁は登録完了までの間も営業を継続できるようにした。これが「みなし業者」の制度だ。反対に、２０１７年３月以前に仮想通貨の交換を行っていない業者は、正式に登録されなければ事業が始められない。

当時の金融庁はかなり、仮想通貨に取り組む企業に配慮した制度設計をしたようだ。

２０１７年９月29日、仮想通貨交換業者の登録がはじまった。加納が立ち上げたビットフライヤーも最初に登録された11社に入った。このときに登録されたのは、ネット証券を中核とするＳＢＩグループ傘下のＳＢＩバーチャル・カレンシーズ、ＧＭＯインターネットグループのＧＭＯコイン、テックビューロなどだ。２０１７年末までに計16社が正式に登録されている。

ビットフライヤーは、２０１７年のキャッチフレーズを「仮想通貨元年」とし、５月15日から女優の成海璃子を起用したテレビＣＭの放映をはじめている。登録制の開始について加納は、次のように語っている。

「規制の導入にはもちろん、プラスとマイナスの面がある。本人確認をしないといけないし、事業者も利用者も利便性が向上するわけではない。しかし、マネーロンダリングを防ぎ、政府の管轄で登録制を進めることで一定程度、信頼が生まれた」

仮想通貨を支えるブロックチェーンの技術は中央の管理者を必要としない「トラストレス」な仕組みだが、それを実社会で運用するには、やはり政府のお墨付きという「トラスト」が必要だったことになる。

この年、仮想通貨の価格は急騰した。登録制が始まった秋以降、日本でも一気に利用者が増えた。仮想通貨への注目が集まる中で、ビットフライヤーやコインチェックといった一部の取引所が一気に利用者数を増やしている。

コインチェックは、9月13日に登録を申請したが、この時点で登録業者とはなれず、当面は「みなし業者」として取引所を運営することになった。

巨額の仮想通貨流出の発覚後、みなし業者の制度は、「正式に登録もできない業者に事業を続けさせた金融庁にも責任はないのか」と批判にさらされることになる。

2017年12月末までに、計16社が仮想通貨交換業者として登録されたが、この時点ではこの他に、16社がみなし業者として登録申請の手続きを進めていた。

この年、主な仮想通貨の価格は毎日のように最高値を更新している。明らかにバブルがふくらんでいた。

第五章　日本が「仮想通貨大国」になった理由

「ビットコインの新たな中心地・日本」

２０１７年秋以降、仮想通貨の価格と投機熱が沸騰する中で、日本を「仮想通貨大国」と呼ぶ、仮想通貨関係者の発言や一部のメディアの報道が見られた。円建てのビットコインの取引も一時、世界全体の過半数に達した。

ビットコインの価格は高騰を続け、２０１７年12月17日には１ＢＴＣ当たり２２３万円に達したが、２０１８年２月２日に１００万円を割り込んだ。なぜ、騰落が激しく高いリスクのある仮想通貨に、雪崩を打つように日本円が流れ込んだのだろうか。

ビットフライヤー社長の加納は２０１８年１月４日、年頭の特別寄稿として、アメリカの仮想通貨情報サイト・コインデスクに、「ビットコインの新たな中心地・日本」（Japan: The New Heart of Bitcoin）と題したコラムを発表している。

２０１７年秋には、ビットコインの円建ての取引が世界全体の過半数を占め、２０１８年１月中旬の時点でも、全体の３割超を占め、米ドルに次ぐシェアとなっている。

ビットコインの円建ての取引価格は、ドル建ての取引価格よりも割高になる傾向もあると言われる。円建てとドル建ての価格差は、日本での旺盛な仮想通貨需要を示す指標のひとつと考えていいだろう。国内の仮想通貨取引所が、取扱高を一気に増やしたのもこの時期だ。

中でも、みなし業者として運営していたコインチェックの勢いは、あちこちで驚きをもって語られていた。

２０１７年冬以降、日本での事業展開を目指す海外の仮想通貨・ブロックチェーン関連企業の関係者たちが相次いで来日している。そして日本からの資金の流入を狙って、日本語のサイトを立ち上げる海外の取引所や、ブロックチェーン関連のベンチャーが次々に現れている。

きっかけは日本政府の規制

日本で仮想通貨の取引が活発化した要因として真っ先に挙げられるのは、２０１７年４月の資金決済法の改正だ。

実際に業者の登録が始まったのは２０１７年９月末のことだ。その半月ほど前には、中国政府が仮想通貨の規制強化を決め、人民元と仮想通貨の取引を停止し、取引所は実質的に閉鎖に追い込まれた。

２０１７年秋ごろまで、仮想通貨取引の中心地は中国だったが、中国政府の規制強化以降、人民元建ての取引は一気にゼロに近づいた。その一方で、日本での登録制度の導入以降、円建ての取引は急増した。

利用者側の視点で考えてみると、実態の見えない企業にお金を預けるよりも、政府の監督下で運営する取引所の方が、安心して取引ができる面もあるだろう。

前述したように、自民党ＩＴ戦略特命委員会が２０１４年6月19日に公表した報告書は「日本が『価値記録』関連のビジネスを世界で最もやりやすい国となり、投資と企業を呼び寄せる力をつけていかなければならない」と書いていたが、この時点で与党がイメージしていた流れが生まれたとみることもできる。

アメリカの仮想通貨情報サイト・コインテレグラフは２０１８年1月9日付で、世界銀行の金融専門家ヴィンセント・ラウネイのコラムを掲載。このコラムでは日本の登録制度を紹介し、「日本の目標はとてもはっきりしている。仮想通貨大国になることだ」と論じている。

政府による規制は結果として、日本が仮想通貨取引の「新たな中心地」になるきっかけをつくったと言えるのだろう。

ＦＸからの流入

「日本は、おおっぴらには金の話をしない文化があるが、実はものすごく投機が好きな人が多いのかもしれない」

ＦＸ（Foreign Exchange）や仮想通貨の取引を指導する「ココスタ」を運営している

佐々木徹（44）はこう語る。

ＦＸ取引と呼ばれる「外国為替証拠金取引」は、米ドルやユーロなどの通貨を売買する。例えば、海外旅行に出かける前に１１０円で1米ドルを買って、帰国したときに１１５円に円安が進んでいれば、５円もうかる。こうした為替の変動による差益を目指す金融商品だ。25倍までのレバレッジ（てこの原理）が可能なため、少額の資金で高額の取引ができる特徴がある。例えば4万円の証拠金で、１００万円相当の取引に参加できる仕組みだ。仮想通貨でも取引所は、レバレッジ取引ができる機能を利用者に提供している。

日本は、世界で最もＦＸ取引が盛んな国だとされる。外国為替市場では、主婦を含む日本人の個人投資家を指す「ミセス・ワタナベ」という言葉が定着しているほどだ。

２０１７年10月ごろから、金融庁がＦＸ関連の規制を強化し、レバレッジ規制が現行の25倍から10倍程度にまで引き下げられるとの観測が出た。このため、ＦＸ取引からビットコインなどの仮想通貨取引に流れる個人投資家が相次いだという。佐々木は「ぼくのまわりでも、ＦＸからビットコインに移った人は少なくない」と言う。

２０１７年中に金融庁に登録された仮想通貨交換業者16社のうち、マネーパートナーズ、ＧＭＯコイン、ＳＢＩバーチャル・カレンシーズ、DMM Bitcoinなどは、いずれも母体の企業がＦＸ取引を手がけている。ネット上で顧客の資金を預かるノウハウをあらかじめ備えているため、登録申請での金融庁とのやり取りもスムーズな面があったのだろう。

仮想通貨でも、取引所はレバレッジ取引を利用者に提供している。少額の証拠金で高額の取引ができることから、仮想通貨の投機性を増す要因になっている。

『アフター・ビットコイン』の著者である麗澤大学教授の中島真志は「日本においては、まだまだ投資マインド・ノウハウが未熟なのではないか」と語る。

中島は、投資を始める際には、リスクがほぼない銀行預金にはじまり、中程度のリスクがある投資信託などで投資の基本を学び、その後、個別企業の株式などと段階的にリスクの高い金融商品に移っていく必要があると考えている。

「投資経験のまったくない人が、いきなりハイリスク・ハイリターンのビットコインやFXに手を出す風潮は危ない。一攫千金を夢見ているのでしょうか」

「安全資産」の日本円とペアを組む

為替市場では近年、「有事の円買い」と言われている。中東や朝鮮半島などでの軍事的な緊張の高まり、世界的な金融危機、大災害などが発生すると、日本円が買われ、円高になる。最近では、以下の「有事」で円高が進んだとされる。

- **リーマンショック（2008年）**
- **欧州債務危機（2010年）**
- **東日本大震災（2011年）**
- **イギリスの国民投票でEU離脱が決まる（2016年）**

仮想通貨は、極めてボラティリティ（変動性）の高い金融商品だ。一方で、日本円は「安全資産」とも言われている。複数の仮想通貨関連のプロジェクトに携わっている篠原ヒロ(34)は「不安定な仮想通貨とペアを組む相手として、安定した日本円にいつでも換えられる状態にしておくのは意味がある」と指摘する。

中国では事実上、仮想通貨の取引所が閉鎖に追い込まれ、企業などが仮想通貨で資金調達するICO（Initial Coin Offering）も規制された。韓国でもICOが規制されたほか、仮想通貨の取引への規制強化も検討されている。

日本国内で取引所を運営する、ある経営者は「2017年の秋以降、日本の取引所で取引をする中国人の個人投資家が増えたように思う」と話す。

「中国人の投資家が札束を満載した車で、日本の取引所のオフィスに直接現れた」という真偽不明のうわさも飛んだ。この取引所について、2018年1月22日付でビジネスインサイダージャパンに記事を掲載した当時は匿名としていたが、コインチェックのことだ。このうわさは、いまも真偽の確認は取れていない。

広がる世代間の格差

仮想通貨について取材をしていると、世代による受け止めの違いを感じることがある。20代、30代の年齢層は仮想通貨をポジティブに受け止める人が多いが、中高年以上の層では、あからさまに仮想通貨を嫌う人も少なくない。

高齢化の進む日本では、中高年以上の世代は、大企業にいれば定年まで「逃げ切り」をはかれるかもしれないが、若い世代は先を見通せない。年金制度も、若い世代が高齢者になるころまで、維持できるかどうか不明だ。

先の見えない時代において、「一発逆転」を狙えることが、若い世代を仮想通貨に引き寄せている面もあるのではないか。

篠原は「どう見ても若い者が不利な社会で、唯一、若い世代が有利に戦えるのが仮想通貨なのでは」とみる。

２０１４年に起業した佐々木はいま、ＦＸなどの投資と投資関連の講師業で生計を立てている。「サラリーマン時代、長く勤めても、給料はごくわずかしか上がらなかった。それに比べて、仮想通貨は夢を見やすいのかもしれない」

金融庁の登録は「100社待ち」

引いた視点から仮想通貨業界を見ると、金融庁に登録済みの取引所だけでなく、新規参入を目指す企業や、無登録で営業する海外の取引所など、さまざまなプレーヤーがひしめく混戦模様が見えてくる。

メガバンクやLINE、メルカリといった注目度の高い企業が参入を表明し、今後は混戦に拍車がかかりそうだ。一方で、コインチェックから巨額の仮想通貨が流出した事案をきっかけに、政府による規制の強化をめぐる議論も始まっており、先行きの不透明感も強まっている。

仮想通貨に関連する事業を手がける企業は4つに分類できる。

① 仮想通貨交換業者

② みなし仮想通貨交換業者

③ 新規参入

④ 無登録

仮想通貨交換業者は、金融庁の審査を経て、登録を済ませている業者のことだ。２０１７年４月の改正資金決済法の施行で、登録をしていない業者は違法となる。同法の施行で、登録が義務付けられ、同年９月末から業者の登録が始まった。２０１８年４月の時点で16社が登録されている。

- マネーパートナーズ
- QUOINE
- ビットフライヤー
- ビットバンク
- SBIバーチャル・カレンシーズ
- GMOコイン
- ビットトレード
- BTCボックス
- ビットポイントジャパン
- DMM Bitcoin

- ビットアルゴ取引所東京
- エフ・ティ・ティ
- BITOCEAN
- フィスコ仮想通貨取引所
- テックビューロ
- Xtheta

みなし仮想通貨交換業者は、同法施行以前から、仮想通貨の取引所などを運営していた企業で、現在も審査中の企業をいう。コインチェックも、みなし業者のひとつだ。２０１８年２月の時点で、みなし業者は16社あった。

- コインチェック
- みんなのビットコイン
- Payward Japan
- バイクリメンツ
- CAMPFIRE

- 東京ゲートウェイ
- LastRoots
- deBit
- エターナルリンク
- FSHO
- 来夢
- ビットステーション
- ブルードリームジャパン
- ミスターエクスチェンジ
- BMEX
- ビットエクスプレス

新規参入の企業はみなし業者以外で、新たに参入を決め、金融庁の審査を受けているか、今後、審査を受ける企業だ。

これに加え、日本で事業を行っている海外の取引所の中には、登録の申請をせずに、無登録のままの企業もある。

もっとも注目すべきは、新たに参入を表明した企業の動向だ。メガバンク、LINE、メルカリなどが参入の準備を進めている。強力なプレーヤーの参入で、業界の地図が大きく変わる可能性がある。金融庁による交換業者の審査は現在、「100社待ち」とも言われている。

メガバンクの一角である三菱UFJフィナンシャル・グループ（MUFG）は、独自の仮想通貨「MUFGコイン」の開発を進めている。2018年1月には、このMUFGコインを日本円などと交換する取引所の開設を目指していると報じられた。みずほフィナンシャルグループも、「Jコイン」の開発を進めている。

チャットアプリなどを展開するLINEは2018年1月31日、仮想通貨事業を担うLINEファイナンシャルを設立したと発表した。LINEで仮想通貨を交換できるサービスなどを展開するという。すでに、金融庁への登録を申請しており、審査を受けている。

サイバーエージェントも、2017年10月2日にサイバーエージェントビットコインを設立しているし、メルカリの子会社で金融関連の事業を担うメルペイも、仮想通貨による決済の導入を目指している。

新規参入を目指す企業は相次いでいるが、コインチェックの巨額流出事案で、金融庁の審査が厳格化された。このため、準備中の企業も、参入のスケジュールの見直しを余儀なくされている。

みなし仮想通貨交換業者は、コインチェックを含め16社ある。アメリカの取引所Kraken（クラーケン）など、２０１７年４月に登録制度が始まる前から取引所などを始めていた企業があったため、「経過措置」として設けられた制度だ。インターネットで資金調達するクラウドファンディングサービスで知られるＣＡＭＰＦＩＲＥも、みなし業者の1社に入っている。同社は仮想通貨取引所ＦＩＲＥＸを運営していたが、２０１８年４月までに撤退を決めた。

「仮想通貨銘柄化」するＳＢＩ

ネット証券大手のＳＢＩホールディングスは、仮想通貨とブロックチェーン関連の業務を次々に立ち上げている。気づけば、一大仮想通貨／ブロックチェーン企業グループの様相になっている。

分野は、仮想通貨の取引所の運営にとどまらず、マイニング（採掘）、ＩＣＯ（Initial Coin Offering）のプラットフォーム、仮想通貨デリバティブ市場の創設、仮想通貨ヘッジファンドの運営と挑戦的だ。

北尾吉孝社長は２０１７年11月30日のプレゼンテーションの中で、「仮想通貨を健全なものとして育てていく。そのために何をすべきかという視点で事業を拡大している」と述べている。ＳＢＩグループのおもな仮想通貨／ブロックチェーン関連事業を見てみよう。

ＳＢＩグループと、仮想通貨で知られるアメリカのリップル社が２０１６年5月、ＳＢＩ Ripple Asiaを設立した。ブロックチェーン技術を活用する次世代の送金インフラの構築を進めている。SBI Ripple Asiaが事務局を務める「内外為替一元化コンソーシアム」には、メガバンク3行、ゆうちょ銀行を含め60行以上の金融機関が参加している。韓国の銀行との間で、国際送金の実験も進めている。

イギリスのWirex社とＳＢＩホールディングスが、合弁会社を設立。アジア地域を対象に、仮想通貨をＶＩＳＡのネットワークで利用できる決済サービスの提供を進める。「Wirexカード」を通じて、世界中のＶＩＳＡの加盟店、ＡＴＭなどで、決済が可能になるという。

企業などが仮想通貨で資金調達するＩＣＯについても、様々な取り組みが進む。ＳＢＩ CapitalBase社は、ベンチャー企業や中小企業を対象に、２０１８年春ごろからＩＣＯによる資金調達をサポートするという。モーニングスター社は、ＩＣＯの格付けを始めている。

ＳＢＩバーチャル・カレンシーズ社が、仮想通貨の取引所の開設を準備している。同社は、２０１７年9月の時点で、仮想通貨交換業者として金融庁に登録しているが、「設備の増強、ウォレットの安全対策に関して十分な確信を持った段階で開設する」として、いまのところ業務を始めていない。香港でも、仮想通貨の取引所Digital Asset Exchange（仮称）の開設を準備している。

アメリカの運用会社CoVenture Holding Company（CV社）と、CV社が設立する仮想通貨ファンドの運営会社に出資。SBIホールディングスは「仮想通貨を新たな戦略的投資対象としてファンドの組成・運営を行う予定」としている。

アメリカのフィンテックベンチャー企業BCause社にも出資した。仮想通貨のデリバティブ商品の提供を進めている。

仮想通貨に関連する領域への急速な事業拡大に、悩みもある。最近の、仮想通貨の取引価格の乱高下だ。仮想通貨の価格が急落すると、SBIホールディングスの株価も「仮想通貨関連株」として、値を下げることがある。広報担当者は「我々はあくまでも金融サービスグループで、仮想通貨関連株というのはちょっと違うと思うんですが……」と言う。

仮想通貨アイドルグループも登場

2018年1月には、「仮想通貨少女」という名のアイドルグループも登場した。メイド姿に覆面で顔を隠している。メンバーは、それぞれビットコインや、NEM、イーサリアム

ブームが生んだ覆面アイドル「仮想通貨少女」　西山里緒撮影

といった仮想通貨を「推している」とされる。

1月12日に開かれた「お披露目」のイベントには、日本の主要メディアだけでなく、フィナンシャル・タイムズやＡＦＰ通信といった海外の有力メディアも取材に訪れた。

ロイター通信は翌13日付で「仮想通貨は世界、特に日本を席巻している」と報じた。２０１８年春の時点でも、「ブロックチェーンと仮想通貨は、日本が最先端にしがみついている数少ない分野だ」と話す関係者は少なくない。

第六章　「アルトコイン」と「草コイン」

仮想通貨はビットコインだけではない

仮想通貨といえば、ビットコインのイメージが強いが、2018年春の時点で数千種類の仮想通貨が存在すると言われている。ビットコイン以外の仮想通貨は「アルトコイン」と呼ばれている。

コインチェックは事件前、豊富なアルトコインの取り扱いで利用者の人気を集めた。通貨ごとに技術や背景にある考え方が異なるため、今後、どの通貨が主導権を握るかは読み通せない。

左の表は、仮想通貨の情報を発信しているコイン・マーケット・キャップが公開している、2018年3月31日時点の仮想通貨の時価総額の上位5種類だ。流通している仮想通貨1596種の時価総額は、27兆4339億円にのぼる。現時点でビットコインは時価総額全体の約45%を占め、他の仮想通貨を引き離している。仮想通貨の流出事件で話題になったNEMはこの時点で、15位になっている。

仮想通貨の価値の騰落と同様に、仮想通貨の人気も常に変動している。日本では、大手の取引所が新しい通貨の取り扱いを始めるといううわさが出ると、その仮想通貨の価格が上昇することもある。SNSで、意図的にこうしたうわさを流して相場を動かそうとする手口も

仮想通貨時価総額の上位５種類

順位	通貨名	読み方	通貨単位	時価総額
1	Bitcoin	（ビットコイン）	BTC	12兆4110億円
2	Ethereum	（イーサリアム）	ETH	4兆1343億円
3	Ripple	（リップル）	XRP	2兆1208億円
4	Bitcoin Cash	（ビットコインキャッシュ）	BCH	1兆2634億円
5	Litecoin	（ライトコイン）	LTC	7041億円

日本仮想通貨交換業協会の資料を基に作成

みられる。

日本発の仮想通貨もある。モナーコイン（Monacoin）は２０１３年12月に登場した、日本で初めての仮想通貨とされる。掲示板サイト2ちゃんねるによく登場する、ネコに似たキャラクターのモナーをモチーフにしたという。開発者はMr. Watanabe（ミスター・ワタナベ）とされる。日本発の仮想通貨だけあって、国内では一定の人気がある。

このように、一定の知名度を得た仮想通貨もあるが、流通している中には、ほとんど存在も知られていないものもある。こうしたものは、草コインと呼ばれている。一定の知名度がある仮想通貨と比べて、価格の変動が大きいため、刺激の強いギャンブルのようにとらえられている面もある。

ＮＥＭ

コインチェックから流出した仮想通貨は、有力なアルトコインのひとつＮＥＭ（通貨単位はＸＥＭ）だ。

仮想通貨は、それぞれ考え方が異なる。イーサリアムはスマートコントラクト、リップルは国際送金に重点が置かれている。２０１５年に登場したＮＥＭは「参加者がみんなで新しい経済圏を形成していく」との理念で設計されたという。

ＮＥＭの名は、「新しい経済運動」を意味するニュー・エコノミー・ムーブメント（New Economy Movement）の略だ。ビットコインのマイニングは資金力のある企業が、高額のマシンを大量に投入して報酬を得ており、富の偏在が起きやすい。これに対してＮＥＭは、より平等な仕組みを目指したとされる。ＮＥＭを推進する国際組織ＮＥＭ財団では、仮想通貨取引所Ｚａｉｆを運営するテックビューロ代表の朝山貴生《たかお》（43）が理事になっている。

ＮＥＭは、積極的にネットワークを利用した人が、定期的に報酬を得られる仕組みだ。こうした仕組みはマイニングではなく、「ハーベスティング」と呼ばれている。報酬を得られる資格を得た人は、スーパーノードと呼ばれる。スーパーノードになる条件は、ＮＥＭを３００万ＸＥＭ以上保有することだ。２０１７年12月15日のレートで、３００万ＸＥＭを日本円に換算すると約1億９５００万円だった。

ビットコインと異なる考え方で設計されたことなどから、NEMは一部で熱狂的な人気を集めた。仮想通貨がバブル状態だった2017年、NEMの価格も上昇を続け、12月には過去最高の1XEM当たり60円を突破。2017年末には、東京・渋谷にNEMの愛好者たちが「世界初のNEM好きのためのバー」として、「nem bar」をオープンさせている。

テックビューロは、社内の人だけ、あるいは共同事業体内の人だけといったように、限られた参加者だけがアクセスできるプライベート・ブロックチェーンのネットワークを構築するプラットフォーム「mijin」を提供している。同社は、mijinにNEMの技術を取り入れている。こうした取り組みが広がっていくかどうかが、NEMの普及を目指す動きの成否を左右しそうだ。

イーサリアム

イーサリアムは仮想通貨というより、ブロックチェーンを使って、スマートコントラクトを構築するプラットフォームだ。通貨として使用するだけでなく、様々な取引が実行できる点に、ビットコインとの違いがある。

イーサリアムは、2013年に、当時19歳だったロシア系カナダ人のヴィタリック・ブテリンが考案した。2015年7月に運用が開始された。このプラットフォームで使う仮想通貨がイーサ（Ether）で、ビットコインに次ぐ時価総額になっている。

スマートコントラクトは、事前に取り決めた条件を満たしたときは、自動的に契約を履行させる新しい契約のあり方だ。自動的に履行させる、と言われても、なかなかすぐには理解できない。ある企業の営業担当者が、プレゼンテーションに使う資料のデザインをデザイナーに依頼すると仮定して、スマートコントラクトの使い方を考えてみたい。

営業担当者とデザイナーは事前の交渉で、仕事を始める時点で、契約金額の３割を支払い、残りの７割をデザインが完成したら支払うことで合意した。契約金額は１００万円。ただ、事前に合意した期日までに、デザイナーが仕事を終えられなかったときは、事前に支払った３割は返してもらうことになっている。

締め切りまでにデザイナーから資料が納品されたときは、残りの70万円が支払われ、締め切りを過ぎたときは、デザイナー側から事前に支払った30万円が返金される。

これを自動化するのが、スマートコントラクトだ。スマートコントラクトのシステムに期日や条件などを入力しておく。まず、この営業担当者が働いている企業のイーサのアカウント（口座）から、30万円分のイーサを、デザイナーのアカウントに送金する。

デザイナーが締め切りまでに、成果品を納品したときは、企業のアカウントから自動的に70万円分のイーサが送られる。反対に、デザイナーが締め切りを守らなかったときは、デザイナーの口座から30万円分のイーサが企業に戻される。

現在、世界中で次々にイーサリアムのプラットフォームを使ったスマートコントラクトを活用したプロジェクトや、アプリの開発が進められている。仮想通貨の枠を超えた利用が期待されているのがイーサリアムだ。

仮想通貨の取引と比べると、膨大なデータ量を取り扱うため、処理速度の向上に課題があり、こうした課題を解決する技術開発を目指す取り組みも進んでいる。

リップル

リップルは、国際送金に重点を置く仮想通貨のひとつだ。海外送金コストを安くおさえ、数秒で決済が完了するという。運営はリップル社が担い、Google Venturesやアクセンチュアが出資者に名を連ねる。日本ではSBI Ripple Asiaがアジア地域の金融機関・送金事業者へ決済基盤を提供している。

ビットコインの価格が１ＢＴＣ当たり２００万円を超えた２０１７年12月、リップルの価格も上昇した。

「１００円はまだ通過点。リップルの可能性はこんなものではないと思っています」

12月15日、仮想通貨リップル（通貨単位はＸＲＰ）が最高値をつけ１００円を突破。そのニュースを前にツイッター上ではリップラー（リップルのファン）が歓喜の声を上げた。しかしXRPハットリ君（インターネット上で活動につかう名前にあたるハンドルネーム）は冷静だった。

仮想通貨情報サイト、コイン・マーケット・キャップによると、12月15日時点でリップルの時価総額はビットコイン、イーサリアムに次ぐ3位で、アルトコインの代表格だ。

会社員兼個人投資家というXRPハットリ君が、仮想通貨に出会ったのは2017年4月のことだ。株取引について情報交換をしている友人に勧められたのがきっかけだった。当時はビットコインしか知らなかったが、友人の勧めもあって、すぐにクレジットカードで約5万円分を購入した。当時のレートは、1XRP当たり3円前後だった。その後、リップルの価格は上昇を続け、ゴールデンウィークには50円前後にまで跳ね上がった。

しかしその後、価格は25円に半減。

「安く購入していたとはいえ、また一桁に戻るかもと思って、あの時は顔面蒼白になりました」

しかしそれを越えたから「今がある」。今ではむしろ「買い増ししたいから落ちてこないかなと楽しみにしているほど」だと言い、日々ツイッターでリップラー仲間から情報収集をしている。

仮想通貨は、現在も値上がり期待が根強いことから短期間で売買せず、一定の期間保有を続けて、値上がりを待つ人が多い。こうした「投資方針」は、ガチでホールドを続けることを指す「ガチホ」と呼ばれている。XRPハットリ君が、リップルを保有する人たちの投資方針について説明する。

「リップラーはガチホ勢が多く、激しく売買する人もいないので、ツイッターではくだらないことを話して盛り上がったりしています。下落にも慣れ、下がっても買い増ししようというポジティブな考えの人が多い」

そんな中、2017年末の仮想通貨の急騰で、リップルも急騰した。しかし、XRPハットリ君はまだ「ガチホ」を続けるという。金融機関やカード決済などで、リップル社の技術やリップルが使われる時代がくるのを楽しみにしているからだ。

「リップルはいずれ1000円は行くと思うし、行ったらそこからは早いはず。2020年頃までには実現してほしい。それまではガチホです」

日本国内では、SBIグループを中心に銀行などがコンソーシアムを組み、リップルを送金手段として実用化することを目指している。

「草コイン」はインディーズの楽しみ

アルトコインの中でもさらにマイナーなコインで、開発者の素性が分からなかったり今後価値が上がるか不明なコインは「草コイン」と呼ばれている。

愛好家のひとりedindin（26、ハンドルネーム）が、草コイン投資の魅力を語る。

「『その通貨は、俺が育てた』みたいな。僕以外誰も名前も挙げていなかったような通貨が、僕が発信することで有名になっていくのを見るのが楽しいですね」

edindinが仮想通貨の売買を始めたのは２０１７年5月だ。リップルが1ＸＲＰ当たり50円前後まで急騰し、２ちゃんねるのまとめサイトで「億り人」が出現しているらしいことを見たことがきっかけだった。

ビットコインは知っていたが、当時の値段で1ＢＴＣ当たり10万円ほど。さすがに高すぎると考え、購入しなかった。一方リップルは急騰した当時でも約50円。「これなら全然買える」と購入を決めた。

しかし、リップルの価格はその後低迷した。そこで目をつけたのが「草コイン」だ。仮想通貨には多くの銘柄があるが、日本の取引所で扱っている通貨はまだ少ない。

「日本で話題になる前に仕込んでおけば、もうかるのでは」。最初は10万から15万円ほどを購入した。他の通貨も購入し、仮想通貨に使った総額は50万円になった。

草コインの醍醐味は、価格が一気に数十倍～百倍に跳ね上がる可能性があることだ。edindinは1・5米ドルほどで購入した「ADK」という通貨が一時50米ドルの値をつけた経験があるという。ここまでの値上がりはメジャーなアルトコインではまず体験できない。

一方で、リスクも高い。草コインの市場は、怪しい「詐欺コイン」もあり、玉石混交だ。詐欺に遭わないよう、edindinは購入する草コインの条件を決めている。

ひとつめの条件は、ビットコインではできないことを成し遂げようとしていることだ。ビットコインの大幅な値上がりで、コピーのような通貨が大量に生まれているが、ビットコインと大きな違いのない草コインを購入するメリットはない。前述したアルトコイン「ADK」はブロックチェーンではない技術を使っており手数料も無料と、オリジナリティがあったそうだ。

さらに草コインの中でもICOや、開発者が事前にコインをマイニングして一部を報酬として受け取るプレマイニングを実施しているケースは危ないことが多いという。こうした仕組みを取り入れると簡単に資金調達ができるため、資金調達後に開発者が行方をくらますなど「詐欺を働くインセンティブがある」という。

edindinが目をつけている草コインのひとつに「STRAKS」がある。ある通貨の開発者の行方が分からなくなってしまったため、その通貨を保有者たちがつくった「リメイク通貨」だという。

開発費をすべて寄付などでまかなうプロジェクトは、詐欺を働くことが難しいため信用できると考えている。開発者の動機が「その通貨をコミュニティを含めて盛り上げたい」というものである場合は、edindinとしても熱が入る。

「お金を稼ごうと思ったら開発をがんばるしかない、そういうのは信用できますね」

そのコインの利益率1000%などと異常に高い場合も、詐欺のケースがある。しかし、詐欺の可能性があると知っていても、売り抜けることを目的に購入する人もいるそうだ。

草コインが入手できる取引所はまだ規制が追いついていないため、サーバーが落ちたり取引所が運営を停止してしまうリスクもある。edindin自身も不安を感じた経験があるものの、今は「感覚が麻痺してしまった」。

「市場を自分で動かせる、アナーキーなところが好きですね。もしその通貨が有名になったら、メジャーデビューしたアーティストを、俺はインディーズの頃から目をつけていたぞ、みたいな優越感に浸れるんです」

第七章　ＩＣＯは「資金調達革命」

「トークン」という新概念

仮想通貨で資金調達をする新しい手法ＩＣＯ（Initial Coin Offering）にも注目が集まっている。ＩＣＯを「資金調達革命」と呼ぶ人もいるほどだ。

従来の金融機関より安い手数料で送金できる仮想通貨を使うことで、少額でも出資をすることができる。これまでは、創業まもないベンチャー企業への投資は一部の投資家などに限られていたが、多くの人にベンチャー投資の道を開く可能性もある。

世界中から資金を集められる点にも特徴があり、わずかな時間で数十億円を集めたＩＣＯも出ている。

では、ＩＣＯは株式による資金調達とはどう違うのだろうか。

株式市場では、ある会社の株式を買った人に株券が発行される。ＩＣＯでは、企業などがトークンと呼ばれる仮想通貨の一種を発行し、資金を提供する人に販売する。トークンは、直訳すると「引換券」だ。

企業の業績や、事業の進展などによって、その企業の株価が上がったり下がったりする。同じように、トークンも仮想通貨の取引所で売買され、ＩＣＯを実施する企業やプロジェクトへの期待や進捗状況で、トークンの価格が上下する。ここまでは株式とＩＣＯは共通点が多い。

株式とＩＣＯの大きな違いは、トークンが仮想通貨の一種である点だ。ＩＣＯで資金を集めたサービスが運用段階に入ったときは、設計次第ではあるが、その仮想通貨でサービスの提供を受けたり、買い物をしたりすることができる。ビットコインの仕組みのように、ネットワークの運営に貢献した人が報酬として受け取る形もある。

そうすると、ある企業が実施するＩＣＯで、トークンを買うかどうかを判断する際には、そのトークンが、サービスの運用段階でどのように活用されるのかを詳しく見ることが重要だろう。

トークンがどのように活用されるかについては十分な検討がされず、「成功したらトークンの価値が上がって、もうかります」とうたうＩＣＯもあるが、こうした設計のＩＣＯプロジェクトは、単なる金集めである可能性が高い。

仮想通貨取引所Ｚａｉｆを運営するテックビューロは２０１７年11月6日、ＩＣＯの実施支援プラットフォームＣＯＭＳＡのトークンセールを実施したところ調達額が１０６億円に達したと発表した。いまのところ、日本で実施された中では、最大の調達額に達したＩＣＯだろう。

国際協力や貧困対策など、公益性のある活動に従事している団体の資金調達にも有効だとされる。たとえ一口は少額であっても、活動の内容に賛同する世界中の人たちから、これまでの募金活動より多くの資金を得られる可能性もある。

一方で、アメリカでは、大々的に広告して、数十億円に相当する仮想通貨を集めながら、実施者の行方がわからなくなったケースや、まともに事業が実施されないケースが起きている。詐欺的なＩＣＯをどうやって見抜き、被害を防ぐかが国際的な課題になっている。

中国や韓国などは、全面的にＩＣＯを禁止している。アメリカでは、実施する企業が証券取引委員会に届け出て、初期の段階ではトークンを販売する対象を、機関投資家や一定の規模の資金を持つ「適格投資家」に限定するＩＣＯがはじまっている。

日本でもＩＣＯの規制について、金融庁が検討をはじめている。トークンを買う人の本人確認の義務づけや、開発途中ではあってもその構想が確認できる成果品を示さなければＩＣＯを実施できないように最低限の事前審査を設けるなど、一定の規制が入る可能性が高い。

ＩＣＯは当初、だれでも世界中から資金を集められる仕組みとして注目を集めたが、そのあり方は変わりつつある。

４分で１億円集めた

ここでは、日本でいちはやく２０１７年秋に実施されたＩＣＯの事例を紹介する。

実施したのは、ブロックチェーンを使うソーシャル・メディアの開発を進めているALISだ。

ALISがICOをはじめたのは、日本時間の2017年9月1日。3人の共同創業者のうち、CEOの安昌浩《やすまさひろ》（28）とマーケティングを担当する水澤貴《たかし》（31）は当時、大手人材会社に在籍していた。

フリーランスのエンジニア石井壮太（35）を含め、同じプロジェクトで仕事をしていたことが、起業のきっかけになった。当時、安と水澤は、おおむね午前10時から午後6時までは人材会社で働き、勤務時間外の夜と朝に新しい事業の立ち上げを進めてきた。

ALISが集めたのは日本円でも米ドルでもなく、イーサリアムだ。日本円換算で1億円を調達するのに要した時間はたったの4分だった。外野からは驚異的なスピードに見えるが、当事者たちは冷静だ。欧米のICOの先行事例では、30分で20億円を超える資金調達に成功したスタートアップ企業が相次いだからだ。

水澤は「めっちゃ緊張しましたが、調達額は想定の範囲内でした」と振り返る。

ICOは、株式を証券取引所に上場するIPO（Initial Public Offering）とは異なり、仮想通貨を用いて直接、個人や法人から資金を集める。

ALISはまず、独自のトークン5億枚を発行。全体の50％に相当する2億5000万枚を２０１７年9月1日午前11時に売り出した。出資を希望する人はこのトークンをイーサリアムで購入する。

この時点では、トークンには価値がない。ＡＬＩＳのトークンが取引所で売り出され、仮想通貨や現実の通貨に交換できるようになった時点で、ＡＬＩＳのトークンに価値が生まれる。

購入する側の立場で考えると、トークンは取引所で交換できなければ、なんの価値のないものということになる。

事業の進展で企業価値が上がればトークンの市場価値は上昇し、購入者はもうかる。うまく行かなければトークンの価値は下落して購入者は損をする。市場原理が働く点については、株式市場と同じだ。

決め手は「ホワイトペーパー」

では、４分で1億円を集めた事業計画とはどんな内容なのか。事業計画書に相当する「ホワイトペーパー」に詳細が記されている。

ＡＬＩＳが開発を進めているのは、信頼性の高い記事の集まるソーシャル・メディアだ。まず、個人が記事を執筆してＡＬＩＳのメディアに投稿する。投稿された記事を気に入った読者は「いいね」を押す。ここまでは、フェイスブックを思わせる。

特徴的なのは、ブロックチェーンを用いる点だ。ＡＬＩＳが発行したトークンの一部は、記事の執筆者や「いいね」を押す読者への報酬として分配される。「いいね」をたくさん集めた記事の執筆者には、より多くのトークンが支払われ、「いいね」を押す読者にもトークンが支払われる。多くの「いいね」を集めた記事に、いち早く「いいね」を押した読者に対しても、より多くのトークンが分配される。

トークンの分配は、執筆者にとっては多くの読者の評価を得る良い記事を書き、読者にとっては良い記事を見つけ出す動機づけとなる。記事の投稿と読者による評価のサイクルを繰り返すうちに、次第に質の高い執筆者と目利きの読者がわかってくる。

そして、ＡＬＩＳの企業価値が高まれば、執筆者と読者が受け取るトークンの価格も上昇する。

安は「ユーザーの信頼性を、すべてトークンで可視化する仕組みだ」と説明する。

試験運用の段階では仮想通貨やブロックチェーン関連の記事を掲載し、アニメやマンガなど徐々に掲載する情報を広げていく考えだ。最終的には飲食や旅行、ダイエットなど様々な口コミの情報を掲載したいという。調達した資金でエンジニアやデザイナーなどの人材も確保する。だれがいくらもらっているのか、給与の情報も従業員間で共有するという。

２０１７年５月に本格稼働したばかりのスタートアップ企業がなぜ、構想段階のサービスのＩＣＯで、必要な資金の調達に成功できたのだろうか。ＡＬＩＳの共同創業者たちは、５つのポイントがあると語る。

・ホワイトペーパーをしっかり準備する
・法律の問題をクリアする
・スマートコントラクトを実装できるエンジニアを確保する
・取引所に上場して、トークンの流動性を確保する道筋をつくる
・コミュニティをつくる

詐欺的な手法で資金を集めるＩＣＯも出ているが、詐欺の可能性がある企業のホワイトペーパーは、資金の使いみちや利用する技術の説明に、具体性を欠く特徴があるという。「明らかに詐欺っぽいホワイトペーパーを逆手にとって、僕らはすべてをオープンにして、技術とビジネスの両面をしっかり書くことにこだわった」と水澤は説明する。

２０１７年４月の資金決済法の改正で、仮想通貨取引所は金融庁への登録が義務付けられたが、ＩＣＯをめぐる国内法の整備は追いついていない。

ＡＬＩＳがＩＣＯを実施するうえでハードルのひとつとなったのが、この法律だ。発行するトークンが仮想通貨に該当する場合、業者としての登録の対象となる可能性があった。このため弁護士らに相談したうえで、ＡＬＩＳとしては登録の必要がないと判断した。

「事例がないだけに、当局がお墨付きを与えてくれるわけではない。最終的には自分たちで判断するしかない」（安）と言う。

ＩＣＯに必要なスマートコントラクトを開発した経験のあるエンジニアは当時、日本にはほとんどいなかった。

ＩＣＯを実施するうえで、ＡＬＩＳはイーサリアムを、１万１６６６ＥＴＨ（ＥＴＨはイーサリアムの通貨単位）集めるとの目標を設定した。ＩＣＯを開始した時点での価格は、日本円換算で３・５億円ほどだった。

トークンを購入した人に対しては、９月末までの期間内に目標額に達しない場合には、仮想通貨を全額返還すると宣言。スマートコントラクトを利用することで、この約束をブロックチェーン上で確実なものにできる。

トークンの購入者との約束をブロックチェーン上に書き込み、自動処理を形にできる人材が、ＡＬＩＳの言う「スマートコントラクトを実装できるエンジニア」だ。

石井は、独力でスマートコントラクトの仕組みを作り上げた。ＩＣＯに使ったプログラムは、プログラムを共有するサイト（ギットハブ）で公開した。プログラミング言語を理解できる人が見れば、ＡＬＩＳの「全額返還する」との約束に、うそがないか確認することもできる。

チャットで出資者と議論する

初回の目標額の調達は達成した。水澤は「石井は、日本で初めて1億円を超えるＩＣＯに成功したエンジニアだろう」と言う。

ＡＬＩＳが発行したトークンは、取引所で売買されるようになるまで、単なるデータでしかない。ＡＬＩＳがトークンの上場に失敗すれば、出資者がトークンを仮想通貨や現実の通貨に交換できないリスクがあった。

スムーズに取引所への上場を実現するには、一定規模以上の資金調達に成功することや、スマートコントラクトの中身を有識者にレビューしてもらうことなどが条件となる。トークンをできる限り市場に出し、経営者らが保有する割合を必要最小限に抑えることも求められる。

出資者らとのコミュニケーションには、ＡＬＩＳはビジネス向けのチャットサービスＳｌａｃｋを使った。希望者はだれでも参加でき、ＡＬＩＳのメンバーと会話を交わすことができる。

Ｓｌａｃｋのコミュニティには、世界から参加者が集まり、開発中のサービスに関する意見が飛び交った。３人は英語はあまり得意ではなかったが、グーグル翻訳を使って参加者たちと英語でコミュニケーションを交わしている。どの取引所が信頼性が高いかなど、参加者から開発チームへの有益なアドバイスも少なくない。

安は「世界中の人たちから、もっとこうしたら良いサービスになるといった建設的な意見がたくさん届く。元気をもらった」と笑う。

Ｓｌａｃｋの参加者とトークンの購入者は重なる可能性が高いという。ＡＬＩＳが成功すればトークンの価値が上昇するだけに、チャット上のやり取りは真剣そのものだ。

「個人から集めたお金なので、絶対に失敗できない。ものすごいプレッシャーがある」（安）

ＩＣＯには、未整備な部分が多い。トークンを買ってくれそうな人はどこにいるのか、スマートコントラクトを形にするにはどんなコードを書けばいいのか。３人は日本では先を走る人がほぼいない道を、手探りで進んでいる。

通常、株式市場で資金を調達するには、証券会社などに依頼して、数ヵ月かけて証券取引所向けの膨大な資料を作成しなければならない。石井は、ＩＣＯの強みを実感している。

「間に入る人がいないから、時間とコストを節約しながら世界中から資金を調達できる。これまでのやり方なら、僕らはこの短期間では500万円も集められなかったかもしれない」

調達した資金の大きさは、出資者に対する責任の重さでもある。水澤は「たくさんの資金を集めたことが良かったのか悪かったのか、それを決めるのは、これからの僕らの行動だ」と話す。

ALISは、2018年4月に、開発中のソーシャル・メディアの試験運用を始めている。

大手がICOに参入する

SBIホールディングスの北尾吉孝社長は2018年1月30日、グループの中で仮想通貨に関連する事業を担うSBIクリプトカレンシーホールディングスが、2018年度中にICOを実施する準備を進めていることを明らかにした。北尾は「模範的なICOをつくっていく」と述べた。

SBIクリプトカレンシーホールディングスは、SBIグループの中間持ち株会社で傘下に仮想通貨取引所やマイニングを担う事業会社がある。

SBIグループは今回、サービスや資産に裏付けられたトークンの発行を打ち出している。

「サービスに裏付けられたトークン」は、トークンを持っていれば、発行した企業のサービスを無料または好条件で利用できる設計だ。そして、「資産に裏付けられたトークン」については、トークンを発行した企業が保有する資産や知的財産を裏付けとし、仮にこの企業が上場した場合には、トークンの持ち分に応じて、株式の譲渡益などの分配を検討するとしている。

ＳＢＩグループで、金融情報を提供するモーニングスターは２０１７年10月に、ＩＣＯの格付けを始めた。経営陣はどんな人たちか、プロジェクトに新規性、成長性はあるか、システムのセキュリティは担保されているかなどを調査し、格付けをする。社長の朝倉智也(52)は「いまは出せばトークンが上がる状況だが、トークンの本源的な価値を、第三者の立場で評価する勝手格付けだ」と説明する。

２０１７年末までに、格付けが完了した日本のＩＣＯはない。格付けに必要な情報を得るため、ＩＣＯを実施する企業に質問票を送るなど調査をしたが、調査票が戻って来ないことや、戻ってきても十分な回答が得られないこともあるという。

朝倉は「まだまだ日本のＩＣＯは混沌としているが、充実した情報を提供することで市場のすそ野を広げていきたい」と話す。

調査会社トークン・レポートによると、世界のＩＣＯによる資金調達は２０１８年２月23

日時点で、480件に達している。調達総額は約16億6000万ドル（約1800億円）にのぼる。

エストニアが政府として世界で初めてICOの実施を検討するなど、国や地方自治体がICOの活用を検討する動きもでている。

第八章　仮想通貨に引き寄せられる若者たち

いる。

一発逆転狙い

２０００年代以降に成人を迎えた20代から30代の人たちは「ミレニアル世代」と呼ばれている。

日本仮想通貨交換業協会の調査によれば、２０１８年3月時点で、取引所の利用者の年代は、30代が最多の34・２４％、次いで20代が28・７８％となっている。20代と30代を合計すると全体の６割以上になる。

ミレニアル世代の圧倒的な支持を集めた取引所はコインチェックだった。

彼らを引きつけたものは何だったのだろうか。

本書の冒頭で、コインチェック事件が発生した1月26日、練馬区の回転寿司店にいた、男性（30）のケースを紹介する。

男性は愛媛から上京し、都内の私立大学を卒業した。卒業後は2年ほど貯金を切り崩して生活した後、２０１２年から契約社員として郵便配達の仕事を始めた。就活しても正社員になるのは厳しいし、東京は時給が高いので契約社員でもやっていける。フルタイムで年収は約４５０万円、月々の手取りは30万円ほどだ。

「正社員になっても年収は600万円くらいでたかが知れている。例えばコンビニで値段を見ずに1・5リットルのペットボトルを買うとか、ハーゲンダッツを買うとか。すごい贅沢をしたいわけじゃないけど、ゆとりが欲しかった」

株取引の市場では勝てる気がせず、ギャンブルは性に合わない。海外から輸入した服やフィギュアなどをヤフオクやメルカリで転売する複業も試した。月10万円ほどは稼げたが、「結構しんどい」。一発逆転のチャンスを探していた2016年、見つけたのが仮想通貨だった。

「半年くらいどれがいいかなっていうのをじっくり調べて、リップルに決めました」

2017年3月、250万円の貯金から、200万円をリップルに替えた。コインチェックを選んだのは当時、大手でリップルを扱っている取引所が他に見当たらなかったからだという。

読みが当たり、投資した200万円は次の日には1000万円になった。そのあとは税金の問題もあり、ガチホを貫いた。1月26日時点で総資産は1億5000万円相当になっていた。

そんな中で、今回の流出事件が起きた。

「ちゃんと自分で管理しておけば」

流出が明らかになった日の夜は、ほとんど眠れなかった。

「お金がないのに、もう30歳かあ。すぐに結婚する予定とかはないけれど、お金がないと可能性が狭まってしまう。地道に働くのもいいけれど、たかが知れている」

コインチェックは2017年5月にもサービス障害が発生し、障害が起きた前の状態まで戻す「ロールバック措置」をとったこともあったりと、セキュリティには不安を感じる部分もあった。

「技術的なことは全部はわかりませんが、セキュリティの基本的なことをやっておらず、そこを狙われたという印象。のんきに管理していたのではないか」

男性は、これからも仮想通貨の売買を続けていくつもりだ。事件後、インターネットから切り離して仮想通貨を管理するハードウェアウォレットを買った。

20代の一番人気はコインチェック

2017年秋以降の仮想通貨ブームを牽引した人たちの中には、スマートフォンは使えるが、パソコンは使えない人も一定数いると言われる。

使いやすいスマホのユーザーインターフェース（UI）にこだわったコインチェックは、こうした人たちの支持を受け、急成長した。

コインチェック事件に絡み、同社に損害賠償などを求める訴訟で、利用者に参加を呼びかけた弁護士が「Wordのファイルをダウンロードして、必要事項を記入して」と伝えても、「使い方がわかりません」と答える人もいるという。

若年層に関する調査会社TesTee（テスティー）が実施した、20代男女を対象にした仮想通貨に関する調査で、仮想通貨を認知している男女のうち、男性の約16％、女性の約10％が仮想通貨を保有していると回答している。

同社の専用アプリ上で実施した調査の時期は２０１８年2月5日から7日で、回答したのは２９０５人（男性１０４１人、女性１８６４人）。利用している取引所は、コインチェックが６割前後と最多だった。

仮想通貨を認知している男性５５８人と、女性７２４人のうち「仮想通貨を保有している」と回答したのは男性15・7％（88人）、女性９・３％（67人）だった。仮想通貨を認知している人たちの仮想通貨への関心については、「保有したいが方法がわからない」「興味はあるが保有したいとは思わない」の回答を合わせると、男女とも半数以上が仮想通貨に興味があるとの結果になった。

仮想通貨の取得時期は、男女とも２０１７年が38％前後でもっとも多く、次いで２０１５年以前が男性31％、女性36％だった。また、２０１８年に入ってから、という回答も男性で

21%、女性で14%あった。

コインチェックの事件でも、２０１７年から仮想通貨を始めた被害者が目立ったが、調査によると、仮想通貨の価格が急騰した２０１７年に保有者数が伸びたことが読み取れる。

保有者に対し、利用している取引所を聞くと、男女ともコインチェックが最多で、ビットフライヤーが続いた。

【男性】

コインチェック＝57人

ビットフライヤー＝39人

Ｚａｉｆ＝19人

ＧＭＯコイン＝15人

DMM Bitcoin＝7人

その他国内の取引所＝11人

国外の取引所＝14人

【女性】

コインチェック＝38人
ビットフライヤー＝16人
GMOコイン＝13人
Zaif＝5人
DMM Bitcoin＝3人
その他国内の取引所＝7人
国外の取引所＝4人

回答者数が男性88人と女性67人（複数回答）でやや少ないが、傾向としては仮想通貨の取引をしている20代の間では、コインチェックが高い人気を集めていたことがわかる。

コインチェックの利用者を取材すると、スマホで取引しやすいというメリットからコインチェックに口座を開設したという意見がよく聞こえてきた。コインチェックは、気軽に始められる使いやすさや、取り扱う仮想通貨の種類の多さ、積極的なCMのキャンペーンから、若い世代の人気を集めた。

ビットコイン・ジーザスとミス・ビットコイン

ミス・ビットコインを名乗る女性がいる。グラコネという名の企業を経営する藤本真衣（32）だ。仮想通貨関連の様々なイベントを主催し、複数の企業のＰＲなども手がけている。まだ狭い業界ではあるが仮想通貨業界に広い人脈を築いている藤本は、高校時代に、関西の芸能事務所に入って、芸能活動を始めている。オーディションを受け、舞台に出ていたそうだ。

高校卒業後、神戸の私立女子大に進むが、２回生の終わり頃に、大学を中退している。藤本は学生時代から、家庭教師の営業の仕事をしていた。勉強が苦手な子を対象としている家庭教師の会社と業務委託契約を結び、契約を取ると、報酬が出る。完全な成果報酬だったといい、複数年の契約をとれば、より多くの報酬が出た。

20代の半ばまでこの仕事を続けた後、子どもたちの写真が時間ごとに次々に切り替わるアプリ「キッズ時計」の立ち上げに加わった。

ビットコインとの出会いは偶然だった。２０１１年12月、オンラインで通話ができるSkypeで英語を習っていた藤本は、オフラインで英語の先生に会うため、関西から東京に出かけた。

先生と都内のレストランで食事をしていると、「変な外人」が現れた。この男性は後に、ビットコイン・ジーザス（ビットコインの救世主）と呼ばれるようになる、ロジャー・ヴァー（39）だ。

「ビットコインってすごいんだよ。手数料なしで、世界中にお金が送れるんだ」

初対面の藤本にヴァーは力説し、ビットコインをくれた。

ヴァーは、初期からビットコインの普及に取り組んでいた人物だ。動画投稿サイトのユーチューブを見ると、ビットコインの運用が始まった2年半後の２０１１年7月には、日本語の字幕を付けたビットコインの解説アニメを公開している。

「なんとなく直感」で、藤本はヴァーの話を信じた。

２０１３年ごろから、藤本は、ヴァーとともに、ビットコインのイベントを開くようになる。ヴァーは、イベントに来た人たちに、少しずつビットコインを配った。

２０１３年ごろにはわずかしかいなかった、日本のビットコイン愛好者たちの集まりが開かれるようになり、藤本は当時、後にビットフライヤーを立ち上げる加納裕三や、コインチェックを立ち上げる和田晃一良にも会っている。

ヴァーから「ゴールドマン・サックス証券の出身で、数ヵ月後にビットコインの取引所を立ち上げる人だ」と加納を紹介されたが、藤本は当時、ゴールドマン・サックスを知らなかった。

２０１４年１月、藤本は自らの会社「グラコネ」を立ち上げた。コネクト（つなぐ）とグラビテイト（引き寄せる）を合わせた造語だという。上京した藤本は、イベントの運営や、企業の広報、ＰＲなど様々な仕事を請け負い始める。

今になって振り返ると、藤本がのちにミス・ビットコインとして活動していく基礎を築いたのはこの時期だろう。はやくから仮想通貨に関わる人たちとの幅広い人脈を築いた。しかし、「詐欺だ。そんな怪しいものには関わらないほうがいい」と周囲から注意されることもたびたびあった。

けれど、藤本は耳を貸さなかった。２０１４年11月には、「勝手にミス・ビットコイン・ジャパン」を名乗り、ユーチューブにビットコインの解説動画を公開し始める。次第に藤本は、仮想通貨に関心のある人達の間で知られる存在となっていく。

アメリカ出身のヴァーは、大学生時代に中古のＰＣなどハードウェアを販売する企業を立ち上げ、財を成したとされる人物だ。

ビットコインや関連企業に積極的に投資したことで、ジーザスの異名を得たとされるが、イベントで仮想通貨を配る姿も、ジーザスのイメージを形成したようにも見える。

藤本は、様々な仮想通貨やビットコイン関連企業のＰＲなどを請け負っている。２０１８

年2月には、エンジニア向けのブロックチェーン・仮想通貨関連企業の合同説明会も開いている。

急成長する業界では、どの企業も人材を求めているが、ブロックチェーン関連のエンジニアは特に不足していた。

ほんの4～5年前に、ビットコインの愛好者として知り合った人が立ち上げたスタートアップの中には、ビットフライヤーやコインチェックのように急成長を遂げた会社もある。藤本は、仮想通貨業界が存在しなかったころから、仮想通貨が急激に膨れ上がっていく光景を見てきた一人でもある。

年末年始に実家に帰ると、いつも幼馴染たちと会うが、2017年ごろまでは「フェイスブック、見てるけど、大丈夫？　なんか変なことにはまってない？」と心配された。ただ、2018年の年始だけは違った。仮想通貨のバブルがふくらんでいた時期で、「どうしたら買えるの」と聞かれるようになった。

「あまりにも色んなコトが起きて、映画を見るよりずっとおもしろい。だから、やめられないのかも」と藤本は言う。

コインチェック事件から2ヵ月が過ぎた2018年3月27日、東京都内で開かれたブロックチェーンのイベントに、ロジャー・ヴァーの姿があった。ごく初期から仮想通貨の取引を続けてきたヴァーはいま、莫大な仮想通貨資産を保有する「クジラ」の一人とも言われている。

長身に細身のダークスーツを着たヴァーは、外国人モデルのようにも見える。ビットコイン・ジーザスは、いまもイベントで仮想通貨を配っている。

「まだ持ってない人がいたら、手を挙げて。恥ずかしがらないで！」とヴァーが促す。日本人の参加者たちは、まわりを見回しながら、おそるおそる手を挙げる。ヴァーは、前に進み出てきた5人ほどの参加者たちにアプリをダウンロードさせ、仮想通貨を贈る。

以前と違うのは、ヴァーが配っている仮想通貨がビットコインではないことだ。配っているのは、ビットコインから派生した仮想通貨のひとつビットコインキャッシュだ。

ブロックチェーンに飛び込んだミレニアル世代の3人

デロイトトーマツコンサルティングが発表した「2017年 デロイト ミレニアル年次調査 日本版」によると、日本のミレニアル世代は他国と比べ、会社への帰属意識が低く、フリーランスを志向する傾向が強いという。

フリーランスエンジニアとして働く西川達哉（25）は、神戸大学大学院で量子化学コンピューティングを研究後、レシピ動画アプリ「kurashiru」を運営するdely社でiPhoneのアプリ開発のインターンをしていた。

西川は大学時代、クラウドファンディングで３００万円を集め、カンボジアに学校を設立するプロジェクトに携わった経験がある。もっと大きな規模で社会を変える方法はないか模索していたとき、同居人から教えてもらったのがブロックチェーンだった。

「アプリ開発は、なんとなくこうなるなって未来が予測できる。ブロックチェーンは最初、仕組みがまったく理解できなかった。そこにひかれた」

ブロックチェーンに本腰を入れるため、dely社を退社。２０１７年10月の取材当時は、複数のイーサリアムのプロジェクトに関わりながら、イベントにも定期的に参加していた。１９９２〜１９９３年生まれの同世代の起業家たちが集まると、話題になるのはいつもブロックチェーンだった。

「ＩＣＯを使えば理論上は世界中の個人から資金を調達できる。会社組織を作る必要がないから、将来、株式会社はなくなっていくんじゃないかって思います。自分も、どこかに所属して毎日通勤する生活より、おもしろいと思ったことにすぐ飛び込める状態でありたい」

もう一人は房安陽平《ふさやす》（25）。彼は神戸大学大学院でコンピューターサイエンスを研究したあと、ベトナム・ホーチミンのブロックチェーン関連の開発会社で働いた。給料はビットコインで受け取った。

「ベトナム人は、アジア通貨危機などの影響から法定通貨への信頼度が日本と比べて低いんです。だから、カフェにいると、ビットコインとベトナムドンを交換してくれと言われる。こういう体験から、日本円を持つ意味ってなんなんだろうと強く思うようになりました」

帰国後、就職したのはメッセンジャーアプリ大手LINEだ。決済サービスの事業戦略を担当していたが、ブロックチェーンの事業に関わりたいという思いが強くなり、9ヵ月で退職した。友人の森川夢佑斗《むうと》（25）が立ち上げたブロックチェーンに関するコンサルティング企業、Alta Apps株式会社に合流した。

「送金・決済・預金・資産運用、すべてにブロックチェーンは使える。これを世界中に広めたらどうなるかっていう未来を、見てみたい」

財務省が2015年に発表した年代別金融資産残高の保有分布によると、個人金融資産約1700兆円のうち、60歳代以上が約6割（約1000兆円）の資産を保有している。この保有割合は20年前の2倍だ。一方で、30歳未満の割合は0・5％、30歳代でも6・1％だ。

森川は中学生時代、商品を安く仕入れて、インターネットで転売する「せどり」で小づかい稼ぎをしていた。家は裕福ではなかったが、仲介業者を介さず、顧客と顧客がつながるビジネスが貧困から抜け出すチャンスをくれたと感じている。

その経験は、京都大学に進学後、メルカリ社やのちに楽天に買収されるフリマアプリ「フリル」を運営していたFablic社などのＩＴベンチャーでインターンをするきっかけになった。「（ベンチャーの）ビジネスには可能性を感じました。でも、上に人が詰まっているところにいるよりは、全く新しいものが生まれる領域で勝負したかった」

在学中にツイッターを通じて、ベトナムのブロックチェーン企業で働く機会を得た。「いまここに全力を注げば世界のトップを目指せる」と京都大学を中退し、起業した。

結果的に同じスタートアップ企業に合流した森川と房安、フリーランスエンジニアの西川という同世代の若者３人がブロックチェーンを選んだ理由は何なのか。西川は次のように語る。

「人工知能やＶＲといった分野は、データ量や今まで積み重ねてきた知見が命。だから最後は絶対にグーグルが勝つ。でも、分散型のブロックチェーンは、大企業が手を出しにくい。僕たちが活躍できる勝機が残っている」

「それでもコインチェックを支持します」

巨額の流出問題が起きた後も、コインチェックを支持・応援する声は根強い。コインチェック事件に絡み、同社に損害賠償を求める訴訟の原告や顧客に話を聞くと、「コインチェックに代わる取引所がない」「また投資したい」と応援する人もいる。これが、仮想通貨流出事件をめぐる、もう一方の現実だろう。

エンジニアの男性（47）は「コインチェック被害者の会」に参加しているが、今も、コインチェックを支持している。

男性は「コインチェックはほかの仮想通貨取引所に比べ、飛び抜けて使いやすい」と話す。ビットコインのレバレッジ取引を利用し、毎月100万〜300万円の利益を出していたという。

男性は、ほかの6つの取引所の口座を持っているが、「コインチェックに代わるところがないんです。いいシステムをそのままどこかが引き取ってほしい。どこかと資本提携して、経営陣が替わって、刷新されてほしい」と願う。

同じく「コインチェック被害者の会」に参加し、2月26日の一次提訴に参加した原告の20代女性は、「仮想通貨が戻ってきたら、訴訟は取り下げようかな」と話す。「誠意を持ってコインチェックが営業再開をするなら、若社長ががんばってきたので、失敗してもたたきたくない。これを機に生まれ変わってほしい」と見守っている。

別の顧客の男性（32）は、2017年12月に130万円をコインチェックで投資、100万円分のNEMを購入した。同社を選んだ決め手は使いやすさと取り扱う仮想通貨の種類の多さだった。

男性は、2017年に会社を辞め、今はフリーランスとして活動している。当初、NEMの返金の目処が立たず、貯金を取り崩しても、所得税や住民税の支払いができるか心配していたが、「来週中に返ってくるので大丈夫かな」と一安心したという。

コインチェックから返金されたとしても、「返金された額の一部は、またコインチェックに投資したい。ベンチャーは失敗が付き物。業界を盛り上げる一社になると思うので、応援したい」と言った。

金融庁は2018年3月8日、みなし仮想通貨交換業者として取引所を運営していた2社に業務停止を命じた。

男性は「コインチェックは、そこと比べたらしっかりやっていたんだと思う。これまでは仮想通貨業界全体が怪しかった。そこに金融庁のメスが入ったので、コインチェックだけ責められるというより、業界全体の問題かな」と受け止めた。

コインチェックや仮想通貨の発展に期待する原告や顧客たちだが、当然不満もある。

前出の原告の20代の女性は、仮想通貨が戻ってきたら、「ひとまず現金に戻したい」と話す。その理由は、「ちょっとしたニュースで、レートが変動する。3月8日の会見中もNEMが3割上がった。金融庁がどうこうした、とか変動の材料がいつ出てくるかわからないから」。仮想通貨をめぐる状況が落ち着くまでは、現金にしておいて様子見をしたいという。

レバレッジ取引で利益を出していた前出の男性は、コインチェックがサービスを停止中も取引の機会を逸しており、「もともと自己責任だと思っていたので戻ってくる（返金される）だけマシか」と思う一方で、同社の取引高が12月に3兆8537億円だったと会見で聞き、「もっと払える（補償できる）という感じがする。サービス再開は『順次』で、結局仮想通貨がいつ返ってくるか、わからない。事件から1ヵ月以上経って、しかも資産開示もしない。いい加減にして」とも言う。

コインチェックの事件を機に、業界団体のまとまりも加速し、自主規制の整備につながろうとしている。「国もタイミングがないと一斉検査に入れないので、業界の未来にとっては、よいきっかけになった」と受け止める顧客もいる。

しかし、「良くとらえるには、被害が大きすぎる」と言う原告がいるのも事実だ。

第九章　コインチェック事件がもたらしたもの

金融庁のスピード対応

コインチェック事件に対する、金融庁の対応は素早かった。コインチェックは1月26日午前に不正流出を把握した後、金融庁に被害を伝えた。これに対して、金融庁はこの日の夜には、資金決済法に基づき、コインチェックに対して被害が発生した原因などについて報告するよう命じている。

29日には、金融庁は「原因の究明」や「責任の所在の明確化」を求める業務改善命令を出している。カレンダーを確認すると、事件が起きた26日は金曜、29日は月曜だ。手続きの適正さには若干の疑問が残るものの、土日をはさんで「ゼロ営業日」で業務改善命令という強い措置に至ったのは、霞が関の官庁としては極めて異例のことだろう。

前例にない規模の巨額の流出事件に対して、業務改善命令にとどめた点については、同じ金融庁から監督を受ける立場の金融機関の関係者からは「顧客から預かっている金を数日間動かせない事態になれば、それだけでも業務停止になるのが普通だ」と、処分の甘さを指摘する声が出たのは事実だ。

一見甘いともとれる措置について、金融庁は次のように説明している。

「業務停止命令は、利用者に制約を加える措置だ。その措置をすることで、利用者保護に資するかどうか、様々な側面から総合的に判断する必要がある」

事件が起きた26日午後以降、コインチェックは日本円や、アルトコインの入出金など、ほとんどの取引を止めている。以降、ビットコインをはじめとした仮想通貨の価格は次第に下落していく。保有する仮想通貨がコインチェック側に塩漬けにされたことで、利用者の被害は拡大した。

2月中旬以降、弁護士たちの複数のグループが主導する形で、被害者の組織が相次いで設立され、一部の利用者が、損害賠償などを求めてコインチェックに対して民事訴訟を起こしている。

その間、水面下では、コインチェックを買収する動きが進んでいた。大手金融機関、大手商社、ネット証券などの名前が次々に浮かんでは消えた。すでに金融庁に登録している交換業者の名前も挙がった。

複数の関係者によれば、コインチェックに大手企業が資本参加する枠組みについては、金融庁側の意向が強く働いたという。巨額の不正流出事件があったコインチェックの正式な登録を認めるには、株主の入れ替えや、社長の和田晃一良、取締役の大塚雄介の退任は、最低条件だったようだ。

買収する側の企業からすれば、約170万件の口座が開設され、根強い人気を誇るコインチェックには、一定の魅力があるだろう。しかし、登録に向けた金融庁の審査への対応や、利用者への賠償など、引き受ける企業にとってはリスクも大きい。コインチェックは、複数の企業と具体的な交渉をしたものの、まとまらなかったようだ。

3月8日には、金融庁はコインチェックに2度目の業務改善命令を出した。

金融庁が問題視したのは、コインチェック内部の管理体制だった。2017年秋以降の仮想通貨バブルで、コインチェックの事業は急激に拡大した。2017年7月には2800億円台だったコインチェックの取引高は、半年足らず後の2017年12月に13倍を超える3兆8000億円台にふくれあがっている。使いやすいコインチェックのユーザーインターフェースは人気を集め、新たに口座を開設する顧客も相次いだ。

一方で、システムのセキュリティだけではなく、それを管理する社内の体制も整わなかった。コインチェック社内の管理体制の不備について、金融庁は「取締役会において顧客保護とリスク管理を経営上の最重要課題と位置付けておらず、経営陣の顧客保護の認識が不十分なまま、業容拡大を優先させたことによるもの」と厳しく指摘している。

淘汰がはじまった

コインチェックが、金融庁への登録に向けて審査中の「みなし業者」だったため、他のみなし業者15社にも、政界から厳しい視線が向けられた。２０１８年3月16日の衆議院財務金融委員会でのやりとりだ。公明党の遠山清彦衆院議員が、みなし業者について次のように質問している。

「みなし業者の16社が登録申請したのは去年の9月末なんです。そうすると、今月末でもう6ヵ月になるのに、いまだに登録の可否の結果が出ていない。ここに一つ問題の背景があるんですよ。具体的な年限が言えないと事務方が私に言うものですから、可及的速やかに、この16社のみなし業者の登録申請を精査して結論を出すべきだ。これをやれば、もうこのおかしなサイバーセキュリティーの甘いところとか、もしかしたらマネーロンダリングの温床になっているようなところは登録されないという結果が出るわけでありまして、被害を防ぐことができるわけですから、早くこれをやってほしいと思います」

内閣府政務官の村井英樹は「現在、順次行っております全てのみなし業者への立入検査の結果も踏まえ、金融庁としては、遠山議員から御指摘いただいているとおり、可能な限り、深度ある、かつ、迅速な登録審査に努め、早期に各みなし業者の登録の可否を判断してまいりたいと考えているところでございます」と答えた。

金融庁は2018年2月中旬以降、すべてのみなし業者に立入検査し、3月8日にはコインチェックを含む5社に業務停止命令や業務改善命令を出している。こうしたみなし業者の中には、事実上、すでに取引所の業務を停止しているところもある。

さらに4月23日までに、次の7社が金融庁に対して登録申請を取り下げるか、取り下げの意思を金融庁に伝えている。

・ミスターエクスチェンジ（福岡市）
・ビットステーション（名古屋市）
・来夢（三重県鈴鹿市）
・ビットエクスプレス（那覇市）
・東京ゲートウェイ（東京都新宿区）
・CAMPFIRE（東京都渋谷区）
・Payward Japan（東京都千代田区）

このうちの1社、ミスターエクスチェンジはプレスリリースの中で「現状では昨今の仮想通貨に関する情勢の変化に対応できるための万全な態勢を整えることが難しい」としている。

クラウドファンディングで知られるCAMPFIREもみなし業者のひとつだったが、2017年9月29日以降、サービスの休止状態が続き、2018年春までに登録を断念した。このほかの業者も今後、業務停止命令や業務改善命令を受けており、内容次第では今後、さらに登録を断念する業者が出てくる可能性が高い。

無登録で日本人を対象に営業していた海外の事業者に対する金融庁の締め付けも強まっている。

2018年3月23日には、香港に拠点を置く取引所バイナンス（Binance）に対して、資金決済法に基づき、日本国内の利用者に対する営業をやめるよう警告を出した。こうした行為をやめない場合は、資金決済法違反で捜査機関に告発するという。

バイナンスは、取引高で世界最大級の仮想通貨取引所だ。100種類以上の仮想通貨を取り扱っているとされ、世界中から利用者を集めている。

日本でも、一部の仮想通貨の愛好者たちが、比較的安価な手数料で取引ができる国外の取引所を利用する流れがある。こうした愛好者らの人気を集めた海外の取引所のひとつが、バイナンスだ。日本語で取引をすることもできたが、2018年1月中旬頃に日本語での取引は中止したようだ。このほかにも、拠点は海外に置いているものの、日本語で取引ができる仮想通貨の取引所などもある。

金融庁は2017年9月以降、登録申請をせずに営業している国外の仮想通貨取引所や、関連のビジネスを展開する国内外の企業15社に対して、会社の概要や営業内容などを問い合わせる照会状を送っている。

2018年2月13日には、中国のマカオに本拠を置くブロックチェーンラボに対して、必要な登録申請をせずに営業していると警告した。ブロックチェーンラボの場合、日本でセミナーを開くなど営業実態があったという。

コインチェック事件をきっかけに、金融庁が監督方針を厳格化したことで、登録を断念するみなし業者が相次ぎ、無登録の海外取引所の締め出しも進む。

仮想通貨を取り巻く業界の風景は、大きく変わろうとしている。

自主規制団体の誕生

仮想通貨の事業者による自主規制の流れも強まっている。コインチェック事件の前は、おもに二つの団体が併存し、いずれも自主規制団体を目指すなど、長いあいだまとまらなかった。

まず、日本ブロックチェーン協会だ。ビットフライヤー社長の加納裕三が代表理事を務めている。2014年9月に設立された日本価値記録事業者協会が前身で、2016年4月に日本ブロックチェーン協会に名称を変えた。

もう一つは、日本仮想通貨事業者協会。マネーパートナーズ社長の奥山泰全が会長を務めている。2016年4月に仮想通貨ビジネス勉強会が発足し、同年12月に組織改編した。

政府が認定する自主規制団体は資金決済法上、「認定資金決済事業者協会」という。認定自主規制団体は、規則の制定や利用者からの苦情への対応、利用者向けの情報提供などの役割がある。とくに重要なのは、自主ルールの制定だ。めまぐるしく変化する仮想通貨業界では、政府よりも機動的な意思決定で新しいルールをつくる自主規制団体の存在は重要だ。

本来なら2017年4月に改正資金決済法が施行された時点で、認定団体が設立されてしかるべきだった。

複数の関係者の話を総合すると、ブロックチェーンに取り組むIT系のベンチャー企業の色が濃い日本ブロックチェーン協会に対して、日本仮想通貨事業者協会は、FX業者など、金融商品を取り扱っている企業が多く参加しているという。

ブロックチェーン協会が先に設立されていた仮想通貨業界で、その後に金融商品を扱う企業が中心になって発足した勉強会が認定団体を目指すことになったことで、感情的なしこりも生じたようだ。

両団体は2年近く前から、まとまった団体の設立について議論は続けてきたという。しかし、「様々なボタンのかけちがい」（協会関係者）で、認定団体が存在しないまま、改正法の施行から1年が過ぎようとしていた。

認定団体の設立が加速したきっかけは、やはりコインチェック事件だった。金融庁からも、一つの団体にまとまったうえで、認定団体を目指すよう、強い意向が示されたようだ。

加納は２０１８年2月7日、ビジネスインサイダージャパンの取材に対して、「話し合いをして、ひとつになるべきだと思う。ふたつの団体が異なるルールをつくるのは、顧客のためにならない」と述べている。

２０１８年3月2日、奥山と加納がそろって記者会見し、登録済みの仮想通貨交換業者16社からなる新しい団体を立ち上げると発表した。登録を目指す事業者の加入も呼びかけるという。

両団体の調整に時間がかかった点について奥山は「ブロックチェーン技術を規制の中で、どこまで盛り込んでいくか考えの違いがあった。コインチェックの事件を契機にというわけではないが、仮想通貨の値下がりもあり、業界に対する自主規制が求められる中、交換業者が認定自主規制団体の設置を急ぐというところで合意を得た」と話した。

新しい団体では、奥山が会長、加納が副会長に就任するという。

国際的な規制の議論がはじまった

仮想通貨の世界的な規制が必要かどうかについて、国際的な議論がはじまっている。きっかけは、２０１７年秋以降の仮想通貨バブルだ。ただ、国境を軽々と越える性質がある仮想通貨については、ある国で規制を強化したところで、別の国へ逃げていくだけだ。世界最大の取引所バイナンスは香港を拠点としていたが、中国での規制強化や、日本の金融庁からの警告などから、２０１８年3月に拠点を地中海のマルタに移している。

簡単に送金ができる仮想通貨は、マネーロンダリング（資金洗浄）や脱税、テロ組織への資金提供などにも使いやすい。

２０１８年3月19〜20日にアルゼンチンの首都ブエノスアイレスで開かれたG20財務大臣・中央銀行総裁会議でも、仮想通貨への規制が議論され、声明にも仮想通貨について言及している。G20の声明のポイントとしては、仮想通貨や暗号通貨といった言葉は使わず、「暗号資産」と呼んだことが挙げられる。G20も日本政府と同様に通貨とは認めなかったことになる。

今後、FATF（「マネーロンダリングに関する金融活動作業部会」）などで議論をしたうえで、２０１８年7月までに報告書をまとめるという。

この報告書は、主要国が今後、どのような立ち位置で仮想通貨の規制と育成を進めていくかについての方向性を示すものとみられ、内容が注目される。

仮想通貨を使って資金調達をするＩＣＯについても、本格的な規制が導入されそうだ。といっても、中国のような全面的な禁止ではなく、一定のルールの下でＩＣＯを実施できる環境整備が主眼だ。業界団体が自主的なルールを設ける検討も進んでいる。

ＩＣＯは、企業などがインターネット上でトークン（引換券に相当）を発行し、販売することで事業に必要な資金を集める。トークンセールとも呼ばれている。トークンは取引所で売買され、事業の進展などに応じてトークンの価値は上下する。トークンを発行する企業は事業計画書にあたる「ホワイトペーパー」を公表し、投資をする人はそれを基に事業の成長性などを判断する。

いまのところ、ＩＣＯを実施する主体である企業などが、投資をするのに十分な将来性や信頼性を備えているかについては、ホワイトペーパーやウェブサイトの内容だけで判断せざるを得ないケースも多い。

確かに、日本のベンチャー企業の経営者も、プレゼンテーションの資料だけで投資家を説得し、１００億円の調達に成功したなど伝説のような話はある。「目利き」や「プロ」たちが、自らの責任で投資を判断するのならそれでいい。

しかし、様々な人たちから資金を集めるＩＣＯでは、ホワイトペーパーに、集めた資金をどのように使ってどう回収するかなど、最低限何を書く必要があるかについてのルールを定め、ホワイトペーパーの記述を確実に実行する制度を設ける必要がある。実際に、「紙一枚」で、数百億円に相当する仮想通貨を集めて、製品やサービスの開発は一向に進んでいないプロジェクトや、実施主体が行方不明になってしまったプロジェクトも報告されている。

これまでは、トークンを購入する人の本人確認も不十分だった。いつの間にか暴力団関係者やテロリストの協力者が多額のトークンを購入していたら、後で困るのはＩＣＯを実施した企業の方だ。

最低限、目に見える製品の開発をしたうえで、初めてＩＣＯが実施できるようにする制度設計も有効だろう。アメリカでは、利用者同士がやりとりするメッセージを暗号化し、プライバシーの保護を強めたアプリ「テレグラム」が実施したＩＣＯは、調達額が日本円換算で２０００億円を超えたと報道されている。テレグラムは、すでにスマートフォンでダウンロードして使うことができ、「最低限、目に見える製品」が存在することから、資金を出す側にとっては、その新しさや、使いやすさなどを判断することができた面がある。

日本政府も、ＩＣＯを巡る規制について本格的な検討を進めている。金融庁は２０１８年４月10日に「仮想通貨交換業等に関する研究会」をスタートさせ、ＩＣＯを含め、仮想通貨をめぐる様々な問題について議論を始めた。

4月5日には、デロイトトーマツコンサルティングなどが参加する多摩大学ルール形成戦略研究所が、「ICOビジネス研究会」の報告書を発表している。この研究会には、NTTドコモ、メガバンク、東京電力などが参加しており、産業界側からの提言と受け止めることもできる内容になっている。

Tシャツとスーツ

仮想通貨バブルは弾けた。

ビットコインの価格は2018年3月を通してじりじりと値を下げ、4月の第1週の時点で、1BTC当たり70万円台になっている。前の年の12月には、ビットコインは一時、220万円を超えた。仮想通貨を保有している人の資産は、この3ヵ月ほどで、ほぼ3分の1になった。

2009年の誕生以来、何度かの暴落局面があったものの、ほぼ一本調子で上昇を続けてきたビットコインの価格は、これまでとは違う様相を見せ始めた。仮想通貨業界では「価格の面では、しばらく低迷が続くかもしれない」とみる関係者は多い。

新しい年度に入った4月の第1週、コインチェックにも大きな動きがあった。ネット証券

マネックスグループによるコインチェックの買収が決まった　木許はるみ撮影

などを展開するマネックスグループが、コインチェックを買収することが決まった。

4月6日には、マネックスグループ会長の松本大（54）と、コインチェック社長の和田晃一良が会見した。当初は、数百億円にのぼるとうわさされた買収額は、36億円に落ち着いた。4年前にコインチェックを立ち上げた、和田と取締役の大塚雄介は退任が決まった。

親子ほど歳の離れた松本と和田は、並んで記者会見に現れた。「開発に没頭しはじめると、何日も部屋から出てこない」との逸話もある和田は、生粋のエンジニアだ。重い荷物を降ろすことになった和田は会見の席で、すこしほっとしているようにも見えた。

ほんの3〜4年前までは、ビットコインは、Tシャツ姿のオタクやエンジニアたちのものだった。「B」と大きく書かれたビットコインTシャツも流行った。

２０１３年末、「ミス・ビットコイン」を名乗る藤本真衣と、「ビットコイン・ジーザス」と呼ばれるロジャー・ヴァーは、ビットフライヤーの創業を控えた加納裕三に会った。藤本はこのとき、加納がゴールドマン・サックス証券に勤めていると聞き、「エリートの人たちが、ビットコインに興味を持ってくるようになったんだね」と喜んだという。

それから4年余り後に、コインチェックを買収したマネックスグループ創業者の松本もかつては、ゴールドマン・サックス証券のゼネラル・パートナーだった。

買収が決まった後、渋谷駅近くのコインチェック本社には、マネックス側の担当者たちも常駐するようになった。「コンプライアンス」を大事にするダークスーツ姿のビジネスパーソンと、「テクノロジー」を愛するTシャツ姿のエンジニアが席を並べることになった。

取引所を機能させていくうえで、テクノロジーとコンプライアンスはどちらも大事な要素だが、文化のまったく異なる両者が一体感を持って事業を進めていけるようになるまでには、たくさんの曲折がありそうだ。今でこそスーツ側の代表に見える松本も、２０１８年4月26日の決算発表で「コインチェックは、創業当時のマネックスのようだ。なつかしい」と語っている。

スタートアップ企業の世界だった仮想通貨業界の風景は、コインチェック事件を境に大きく変わった。取引所間の競争では、大手のGMO、DMM.comが大量の広告を出し、存在感を高めている。

ＳＢＩなどの本格参入も控えている。ＬＩＮＥ、三菱ＵＦＪフィナンシャル・グループや、楽天なども仮想通貨ビジネスに参入してくるだろう。

２０１７年ごろから、毎日のように開かれている仮想通貨やブロックチェーンのイベントは、次第にスーツ姿の参加者の割合が増えていった。

コインチェック事件をきっかけに、政府も一気に関与を強めた。

金融庁は「イノベーションと投資家保護のバランスに配慮する」と言うが、新しい税収源として仮想通貨を育てる意向も見え隠れする。

資金決済法の改正で、政府の監督下で仮想通貨を取引する制度は整った。交換業者たちで組織する自主規制団体もようやく一定のまとまりを見せはじめた。

現時点で言えることは、激しく値動きする仮想通貨を、一定の秩序のもとで売買する舞台が整ったということだ。いまのところ仮想通貨は、ＦＸに代わる新しいマネーゲームの装置にとどまっている。

仮想通貨は、サトシ・ナカモトがＡ４判９枚の論文で示した「非中央集権」の電子キャッシュは実現していない。むしろ霞が関主導で、中央集権的な金融界の秩序に取り込まれようとしている。

真のイノベーションはこれからだ

今後注目すべき動きは、すでにインターネットで強力な地位を得ている企業による仮想通貨の発行だ。

第二章でも述べたが、アマゾンが仮想通貨を発行すれば、いままで以上にお得に、便利に買い物ができそうだ。アメリカのメディアでは、グーグルも参入のうわさが絶えない。

こうした企業が仮想通貨を発行するようになれば、いまのところマネーゲームの対象にとどまっている仮想通貨が、私たちの生活に一気に近づいてくるだろう。それは、遠い未来の話ではない。

仮想通貨と仮想通貨の競争が本格化する。仮想通貨を発行する企業が、その経済圏の拡大を目指し、経済圏の規模とその将来性が、その仮想通貨の浮き沈みを決めることになる。

しかし、ここでひとつの疑問が生じる。これは、仮想通貨が目指していた姿だったのだろうか。本書で述べてきたように、仮想通貨は本来、次のようなものだった。

・大企業や中央銀行が管理するのではなく、だれでも管理に参加できる

・日本円や米ドルといった法定通貨と交換できる
・金融機関を介さずに世界中に送金できる

アマゾンが仮想通貨を発行するなら、すごく便利そうだが、「分散型」あるいは「非中央集権」の理念とはかけ離れている。アマゾンが発行し、アマゾンが管理し、私たちの消費行動のデータのほとんどをアマゾンが握るかもしれない。

日常の買い物や海外への送金に広く使われ、生活の中に当たり前のものとして存在するが、その営みを管理し、ルールを決めるのは大企業でも政府でもなく、私たち自身だ——。もはやただの理想論に聞こえるかもしれないが、ビットコインをはじめとした仮想通貨の多くが示した社会の姿はこうしたものではなかったか。

とすれば、分散型／非中央集権型の仮想通貨の普及を進めるには、どうすれば、もっと自律的にネットワークが広がっていくかを考えるときが来ているのではないか。マネーゲームの装置としての仮想通貨では、もう頭打ちだ。

２００８年9月15日、アメリカの投資銀行リーマン・ブラザーズが経営破綻し、世界的な金融危機が始まった。その1ヵ月半後、サトシ・ナカモトがビットコインの原点となった論文をインターネットに投稿した。

世界金融危機のさなか、ウォール街の金融機関の幹部ら1％の富裕層に、世界の富の多くが集中していることにあらためて注目が集まり、多くの人が99％の側にいることに気づいた。

こうした流れの中で、サトシが示した「非中央集権」の仮想通貨は、次第に多くの人たちを引きつけた。極端な富の偏在を解消し、閉塞感を打ち破るイノベーションを生むものと期待されたからだ。高齢者と若者の格差が広がる日本で、ミレニアル世代の若者たちが仮想通貨を熱狂的に受け入れたことも、この流れの中に位置づけることができるだろう。

しかし現実は、サトシの理念とはかけ離れた方向に進んでいる。

だれでもマイニングに参加できることは、多くの人たちが対価を得ながら、通貨システムの維持に参加できる仕組みだと思われた。しかし実際には、多額の資金で高性能のコンピュータを大量に投入し、高額の電気代を払える一部の企業や個人にマイニング報酬は集中し、ビットコインの偏在が進んでいる。

技術としてもまだまだ未成熟だ。ネットワークの状況次第だが、ビットコインのブロックチェーンが処理できる取引は、1秒間に平均で5～7回程度と言われる。スマートコントラクトで期待を集めるイーサリアムも同様の課題を抱えており、銀行間のネットワークと比べると、まだ勝負にならない。

ビットコインは誕生以降、驚異的な価格の上昇を続けてきた。価格上昇への期待感が高い間は、買い物に使おうという人はまれだった。２０１８年に入ってから、ビットコインなど主要な仮想通貨の価格は、下落傾向にある。価格が常に激しく動いている間は、国際送金や日常の決済手段として定着しにくい。機関投資家などによる、まとまった額の長期保有が必要だとの声も出ているが、即効性のある解決策はまだ見えてこない。

価格の下落とともに仮想通貨への期待はしぼみつつある。

２０１８年春、仮想通貨関連のイベントは下火になったが、ブロックチェーン関連のイベントは毎日のように開かれている。アメリカや香港、イスラエル、シンガポールなどから、有力スタートアップの起業家が次々に来日し、満席になるイベントも多い。土台となる技術こそ同じだが、人々の関心は仮想通貨からブロックチェーンに移ったようにもみえる。

コインチェック事件の後、日本語環境のネット上には「仮想通貨終わった」との書き込みがあふれている。

取引所の幹部たちと話をすると、言い回しはそれぞれ微妙に違うが「億り人をつくるのが目的じゃない。イノベーションを引っ張りたいんだ」と口をそろえる。

スタートアップとして仮想通貨に関連する事業を立ち上げた人たちの多くは、ブロックチェーン技術と仮想通貨の革新性に夢中になった人たちだ。２０１７年の仮想通貨バブルで、事業の成長や保有する仮想通貨の含み益から、１%の仲間入りをした関係者も少なからずいる。

彼らや彼女らは、現状に満足しているのだろうか。イノベーションが求められるのはむしろ、ルールが変わろうとしている、いまなのではないか。

いまから20年ほど前、別のバブルがあった。インターネット関連企業の株が買われ続けたインターネット・バブルだ。このときのバブルは2年ほどかけて、大きくふくらんだ後に弾けた。あのとき、たしかに株価の上昇は終わったが、インターネットは終わらなかった。アマゾン、グーグル、フェイスブックが台頭するのは、それから少し後のことだ。

第十章

仮想通貨のこれからをわかりやすく語ろう

特別インタビュー　國光宏尚ｇｕｍｉ社長

仮想通貨とそれを支えるブロックチェーンは、社会を大きく変える可能性がある一方で、まだまだ未成熟で、過渡期の技術だ。それだけに、今後の展開を見通すのは簡単ではない。スマートフォン向けのゲームコンテンツを提供するかたわらで、世界のブロックチェーン企業への投資にも取り組むｇｕｍｉ社長の國光宏尚《くにみつひろなお》氏に２０１７年の仮想通貨バブルと、これからの仮想通貨について聞いた。

——２０１７年の仮想通貨価格の高騰をどうみておられましたか。

バブルとバブルでないものは、明確に区別できると思っています。たまに過度に上がることがあっても、いいものが上がるのは、バブルではありません。ウーバー（Uber）やエアビーアンドビー（Airbnb）の株価がどんどん上がっても、それはバブルじゃない。あの2社は本当にすごい。

いいものも悪いものもみんな上がるというのがバブルです。ＩＴバブル、日本の不動産のバブル、１６００年代のチューリップ・バブルもみんな上がりました。

２０１７年、仮想通貨の価格も、みんな上がりました。だから、バブルだったと思います。買っていた人は、テクノロジーを理解していないし、当然、ソースコード（コンピュータのプログラムのこと）は見ていない。なんとなく上がるだろう。そんな雰囲気で買った人が多かったようです。

バブルが崩壊したのは、悪いことではないと思います。お金は、集まりにくくなり、より優れたコンセプト、より優れたチーム、より優れた実行力が求められています。本当に世の中に役に立つものをつくるフェーズに移っていくと思います。

とくにブロックチェーンについては、多くの起業家やエンジニアが、技術に注目してこれを活かすことを目指すきっかけになったという点では、バブルが起きたこともポジティブにとらえられます。

――コインチェックは、使いやすいアプリで、テクノロジーに関心があるかないかを問わず、多くの人を引きつけました。

コインチェックは使いやすいですが、それ以上に、ほかの取引所のアプリが使いにくい。メルカリやＬＩＮＥ、さらに言えば、ぼくたちがつくっているゲームの方が絶対に使いやすい。

ネットの人たちからすれば、ＵＩ（ユーザーインターフェース）、ＵＸ（ユーザーエクスペリエンス）を向上させるのは当然です。

とりあえずやってみて、失敗したらはやく改善しようというのが、インターネットの文化です。だから、資産の保全の方がおざなりになってしまっていた。

一方で、金融機関系の人たちは、使いやすさは分かっていないけれど、資産を保全する点で、ユーザーと向き合っている。ユーザーとの向き合い方が根本的に違うのではないでしょうか。

取引所のビジネスは、ネット的なサービスと、金融機関的なサービスの両面があります。この二つが交わっていくことがすごく重要になる。

本当は、２０１７年のように一気に伸びずに、３年、５年かけてゆっくり伸びれば、金融機関系の人たちは、ＵＩやＵＸをきちんとしたし、反対にネット寄りの人たちは顧客の資産保全をちゃんと考える機会があったのかもしれない。

バブル的な急成長の中で、体制の整備が追いつかなかったというのは、少し不幸だった面があると感じます。

——24時間サービスを回しながら、セキュリティを強化し、ＵＩやＵＸを改善をしていくのは、とても難しいと言われます。

システムというより、人の問題だと思います。正確な数字は知りませんが、コインチェックは1年前の2017年1月には20人、30人の企業だったと思います。それが、年末の時点では、社員は100人を超えていたかもしれない。

考えてみると、そのスピードで人が増えると、採用のペースが月に10人を超えます。面接はその数倍以上やっていると思います。となると、毎日に数人面接をすることになります。モバイルゲームが急成長した時は、ぼくらも従業員が15人ぐらいだったのですが、1年で140人ぐらいになった。

人手が足りなすぎて、完璧な採用はできないけれど、すごく急がざるを得ない。

万が一、採用した人に悪意があって、会社の中からハッキングをしようと思ったら、それを止めるのはそんなに簡単なことではありません。

普通のIT企業は、犯罪歴を調べ、前に一緒に働いていた人たちに、「この人どうだった」と評判を問い合わせてみるぐらいで、それ以上の調査はしません。

何か弱みを握られて脅されている可能性や、借金を抱えてお金が必要になることもあるかもしれない。そういう人が、外部のハッカーと手を組む可能性まで考えると、セキュリティは難しくなってくる。

企業が急成長しているときにセキュリティを確保するのは、テクノロジー以上に、人間の部分が難しい。

入り口に電子錠をつけて、だれがいつ出入りしたのかを管理して、管理部エリアは別にして、お金を扱う人を限定するといったレベルのことはやりますが、取引所は、そういうセキュリティのレベルが、すさまじく高くなる。

監視カメラもつけて、会社内でだれがどう動いたかを確認できるようにすることも、必要になるでしょう。

人が増えて、こうしたセキュリティの対策が追いつかなかったというのが現実ではないでしょうか。

——仮想通貨はいまのところ、日常の生活で気軽に使えるようにはなっていません。いずれは、もっと身近になるのでしょうか。

スマートフォンでゲームができるようになったときに、最初はみんな、家庭用のゲームやPCのゲームをスマホで遊べるようにしました。

でもこれらは全く流行らず、最終的には、パズドラ（パズル&ドラゴンズ）とかモンスト（モンスターストライク）といった、「スマホ・ファースト」でスマホならではのコンテンツが受け入れられた。スマホならではのＵＩやＵＸを発明したところが勝ったんです。

ぼくらも、ＰＣや家庭用のゲームは忘れて、スマホらしさってなにかということを徹底的に話し合った。

だから、バブルが崩壊した後に、世の中を変えるサービスがブロックチェーンから出てくるとすれば、やはり「ブロックチェーン・ファースト」で、ブロックチェーンでないとできないことをやるところが伸びてくると思うんです。

リップルという仮想通貨がありますが、既存の国際送金システムのＳＷＩＦＴでできることを、ブロックチェーンでやるのは意味が分からない。ＳＷＩＦＴに問題があるのだったら、ＳＷＩＦＴを改善すればいい。

いまニュースで話題になっている公文書の改竄問題でも、政府の文書管理にブロックチェーンを使うという話も出ていますが、理解できません。スマートフォンに家庭用ゲームを持ってくるぐらい意味がないことだと思います。

あれはシステムの問題ではなくて、入力する人が改竄しただけの話です。ブロックチェーンでも、他のシステムでも、入力する時点で改竄されたら意味がない。従業員教育というか運用を改善すればいい。

ブロックチェーンでないとできないことってなんだろう。これを突き詰めるべきです。

ビットコインの本質を考えると、三つの特徴があります。

① トラストレス
② 自律的
③ 非中央集権

日本の場合、日銀や日本の政府が通貨の信用を保証しています。楽天ポイントは楽天、アマゾンのポイントはアマゾンが信用を保証しています。これに対して、ビットコインは信用を保証する人がいません。これがトラストレスです。

楽天やアマゾンのポイントは、彼らが運営していますが、ビットコインは運営者がいません。ビットコインの場合は、だれから頼まれるわけでもなく、多くのマイナーがマイニングをする形で、自律的に動いている。

楽天、アマゾンは、完全に中央集権ですが、ビットコインはいろんなところにマイナーがいて、非中央集権で動いている。

トラストレスで自律的で非中央集権的に動くネットワークが、ブロックチェーンでないとできないことの本質ではないかと思っています。

リップルは、トラストを保証しているのはリップルで、自律的でも非中央集権でもないと思います。

ここに注目すれば、ブロックチェーン・ファーストかどうかは見分けることができます。

――いま、何からの非中央集権化が求められているのでしょうか。

もし、本当にブロックチェーンというテクノロジーが世の中を変えていくのであれば、非中央集権という概念がすさまじく重要です。

ひとつは国家、もうひとつは、ＧＡＦＡ（グーグル、アマゾン、フェイスブック、アップル）とかＢＡＴ（バイドゥ、アリババ、テンセント）といったネット列強からの非中央集権化が求められていると思っています。

仮想通貨でおもしろかったのは、シリコンバレーが出遅れたこと。仮想通貨は、ロシア、東欧、中国などから火が着いた。国家や自国の通貨に対して、極めて信用が薄い国々で、大きな動きがはじまりました。

アメリカも、トランプ大統領になるまでは、国家に対しても、通貨に対しても信頼があったから、そこをわざわざ非中央集権にする必要がないと思っていたところがある。自分がロシア人や中国人だったら、資産を自分の国に置き続けるのはいやです。ある日、突然没収されるかもしれません。

そういった国々ではとくに、国家って信用がおけないという意識が出はじめています。

ネット業界では、オープンがいいのか、クローズがいいのか、中央集権がいいのか、非中央集権がいいのかという議論がずっと交わされてきました。

中央集権も非中央集権も、過度に行き過ぎるのは、どちらもよくない。国家もネット列強も、過度に中央集権に行きかけているんだと思います。

過度に中央集権に行った例でいうと、例えばヒトラー、毛沢東があります。日本の軍国主義もそうだったかもしれない。そうなると個人の自由や権利が侵されることになってくる。

私たちの自由とか権利が、国家に侵害されるのは絶対に避けるべきです。

いま世界を見渡すと、独裁みたいな国ばかりになっています。北朝鮮の金正恩はまさにそうだし、気づけば中国も独裁的です。ロシアのプーチン、トルコもフィリピンも独裁的だと思います。アメリカのトランプ大統領だって、どうなるかわかりません。国家が過度に中央集権に向かっています。

そこにＡＩ（人工知能）が入ってくると、もう最悪です。すべてが監視社会になる。携帯のＧＰＳで、どこに行って、だれと会って、金を何に使ったかがすべて見られる。それが、最終的に政府に管理される可能性もあります。

ぼくらが歴史から学ぶことができるのは、権力はいつか腐敗し、暴走するということです。そういうリスクは常に考えないといけない。

――一部の巨大企業に個人のデータが集まっています。

日本にいるとわかりにくいですが、いま、フェイスブックがすごく問題になっています。フェイスブックのデータをケンブリッジ・アナリティカという企業が、不当な手段で入手し、そのデータを使ってフェイクニュースを流して、トランプさんを勝たせたり、ブレグジットを成立させたりした可能性がある。

勝手にデータを使われて、勝手にやられただけだから、普通に考えたらフェイスブックは被害者です。

でも、みんながふと気づいたのが、フェイスブックの危険性です。フェイスブックが持っているデータのごく一部をケンブリッジ・アナリティカが使っただけで、選挙を操作できた可能性がある。

ということは、もしフェイスブックが全力で悪意を持っていたら、民主主義って完全に操作できるんじゃないか。いち企業にそんな力を与えてしまってよかったんだっけ、という疑問が浮かんでいます。

アマゾンも大量の購買データを持っているし、グーグルもデータを持っています。アリババやテンセントは、お金をどこで使ったかや、人とのコミュニケーションのデータも持っている。

いち営利企業にそこまで過度な力を与えていいのでしょうか。

ぼくが世界中で見ているプロジェクトでは、国家やネット列強による過度な中央集権化に対して、個人の自由や権利を守るための非中央集権が、ひとつの大きな社会的な価値になるのかなと思っています。

——こうした流れの中で、ブロックチェーンでできることとは。

例えば、ぼくらが投資をしているTHETAという会社は、動画の配信を非中央集権化しようというサービスです。既存の動画配信は、アマゾンのAWS（アマゾン ウェブ サービス）という中央集権化されたサーバーから、PCやスマホに動画を送っています。でもTHETAは、みんなのPCや携帯の回線が余っているから、それをシェアすれば、中央にサーバーはいらなくなると考えています。

いまの、ユーチューブとか、ニコニコ動画ぐらいの画質なら、中央集権のサーバーでもできます。しかし、これから動画の画質が8K、VRになると、データ量が100倍に跳ね上がります。サーバーの容量が100倍必要になると、代金は払いきれません。

そこで、みんなの余った回線をシェアするという発想で、サービスの開発を進めています。

分散型のP2Pのサービスは昔からありますが、人はわがままだから、自分が使う時は使っても、他人には協力しなかった。でも、トークンエコノミーの面白いところは、協力すると、いつの間にかトークンが手に入る。

ビットコインのマイニングも、善意でやっているわけではなくて、金もうけが動機です。人々の欲望でネットワークが成立しています。

回線をつなぎっぱなしにしておくと、気づいたらトークンが入ってくる。そういう仕組みでネットワークを成立させようというのが、おもしろい取り組みだと思っています。2017年に多額の資金を集めたファイルコインは、データストレージのサービスですが、みんなのPCのストレージは余っています。それをシェアしようという発想です。

中央集権化することで、大きくもうけてきたのは、GAFAだったり、仮想通貨の取引所です。それを非中央集権にしていくことが、大きな流れだと思っています。

ぼくらがつくっているゲームも、ゲームを売買するSteamというサービスに置くと、30%の手数料を取られます。iPhoneのアップストアの手数料も30%です。

インターネットは、中間にいた人たちを飛ばして、生産者とお客さんを直接つなげることで効率化を進めてきた面があります。

ブロックチェーンは直接の取引をさらに進める可能性を秘めています。中間に入る人がいなくても、P2Pで直接売買ができる。

非中央集権化が進んで、中間のサービスを介さずに取引ができれば、その30%を分け合って、お客さんも15%安くゲームを手に入れることができ、ぼくらの利益も15%上がります。

——マイニングは、みんなでネットワークを管理するという理念の一方で、莫大な資本で、大量のマシンと電気代を投入する一部のマイナーに報酬が集中しています。

マイニングビジネスは時代の徒花《あだばな》みたいなものです。ASICという半導体の供給が限られる中で、それを買い占めた会社が一時的にもうかっただけです。これも非中央集権になっていきます。

規模の大きいマイナーは、ビットコインの価格が一定の水準以下にまで下落するともうからなくなる。でも、PCやスマホでマイニングをする人たちは、余剰でやっている人たちだから、一時的に価格が下がっても問題ない。

いまは短期的に、いろんな理由が重なり合って規模の経済が働いて、マイナーがもうかった。でも、世界のPCやスマホのマシンパワーは余りまくっている。いくらマイナーが莫大なマシンパワーを投じているといっても、世界中のスマホやPCのパワーをシェアリングしたら、もう一部のマイナーがもうかるということはなくなってくる。

マイナーも、取引所も過渡期のビジネスだと思っています。いずれ、法定通貨と仮想通貨を交換する役割を担うのが取引所という形に落ち着いて、それ以外の仮想通貨どうしの交換は分散化していくでしょう。

――日本は、いち早く仮想通貨の交換業者を制度化しました。

日本の制度は、良い面と悪い面があります。ブロックチェーンが最初に利用されたケースが、ビットコインだったので、ブロックチェーン、イコール通貨と考えて法制度をつくりました。

でも、ブロックチェーンには、様々な使いみちがあります。必ずしも法定通貨との交換を考慮する必要もない。トークンとトークンを交換するときに、いまの取引所の規制が必要かというと、そうではないと思います。

ANAのポイントを集めている人は、必ずしも現金化したいから、ポイントを集めているわけではありません。飛行機の座席をアップグレードしたり、ANA側からみた信用度が高まる面もあります。

動画配信のネットワークに貢献した人は、集めたトークンを使って、データ量の大きな動画をアップロードできるとか、そういう使い方も考えられます。

現行の仮想通貨に関連する制度は、法定通貨に換算することだけを基準にしていますが、ブロックチェーンの可能性はそれにとどまりません。

——中間で手数料を取らないモデルで、サービスを提供する事業者はどうやってもうけるのですか。

ビットコインに早い時期から関わっていた人たちは、開発やマイニングという形で貢献しました。そういう人たちは、ビットコインを持っています。ビットコインのネットワークの価値が上がったことで、初期に貢献した人たちの資産の価値は上がりました。

リナックスやアンドロイドなどのオープンソースがあるから、ぼくらはいちからシステムを開発しなくてもサービスをつくれるようになりました。でも、リナックスに貢献した人たちは、大もうけはしなかった。ウィキペディアなども資金の面で苦しそうにしています。

トークン化をすることで、こうしたオープンソースのプロジェクトに加わる人たちに、新しい形で動機づけをすることができます。使う人が増えれば、ネットワークの価値が上がり、初期に貢献した人が持っているトークンの価値が上がります。

非中央集権のウィキペディアも、記事を書いたり、更新したりする人に、トークンが付与される形であれば、記事を書くことがマイニングに相当することになります。

――取引所は、アメリカやヨーロッパ、日本といった大きな市場で各当局に登録をして、きちんとした形で運営しようという企業と、マルタのような比較的、規制のゆるい国に移ればいいと考える企業に二極化する流れがあるように思います。

取引所は今後、法定通貨と仮想通貨を交換する部分を担うサービスになってくると思います。そうすると、脱税やマネーロンダリングの対策が重要になります。円と仮想通貨を交換するところは、登録をした取引所がやり、トークンとトークン、仮想通貨と仮想通貨の交換は、P2Pでやればいい。

マネーロンダリングや脱税は、仮想通貨が法定通貨に交換される瞬間に起こります。そこは、規制された業者が担うべきです。

――ICOは、日本でも規制をめぐる議論が本格化しています。

一定水準の規制は必要です。国ごとにルールが違うとややこしすぎます。だから、アメリカの規制に合わせていくんだと思います。

広く世界中から仮想通貨を集めるクラウドセールは、詐欺かどうかを判断する術がない。これは、規制するべきです。

ぼくらがビットコインを買う理由は、ネットワークのアイデアに共感して、このネットワークは世界を変えるかもしれないと思っているから買う、ということだった。ネットワークを使う人が増えると、ネットワークの一部を持っていることで、資産価値が上がる。こういったネットワークをつくるうえで、トークンを発行して、ＩＣＯで広く資金を集めて、ネットワークに参加してもらう。これが本来の形です。

一方で、単にプロジェクトに資金を集めて、トークンを発行するＩＣＯもある。こちらは、株式市場のような上場基準とか、開示基準が必要です。

ＩＣＯは、こうした、ふたつの性質の違うものをごちゃまぜにしています。これらは別々の制度設計がいる。今後、明確に定義されていくと思います。

一般の人たちがだまされて買ってしまうようなことを防ぎ、こうした消費者は保護しないといけません。

——ゲームにブロックチェーンを活用するのも、いろいろと妄想が膨らみます。

エンターテインメントとブロックチェーンはとても相性が良いと思います。デジタルデータは、コピーし放題ですから、コンテンツの価値がゼロになってしまいました。データが複製自由だったから、供給過多になり、価値がなくなるというのが今までだった。

ゲームも動画も、コンテンツそのものではなくて、サービスを売るのがネット時代のエンターテインメントビジネスです。

ネットをあちこち探せば、見たい動画はどこかに落ちています。でも、探すのは面倒くさいから、月々いくらで見たい動画に簡単にたどり着けるサービスを売っているのが動画配信のネットフリックスです。音楽配信のスポティファイも同じです。

ビットコインはただのデジタルデータなのに、価値があるのは、コピーができず改竄ができず、ユニークだからです。だから、売買が成立するんです。

ぼくたちは、たくさんのカードが出てくるゲームをつくっています。ゲームの外で売買ができないのに、ユーザーはお金を出してくれます。

ＲＰＧ（ロールプレイングゲーム）でも、それぞれの武器や防具が、コピーできず、ユニークなものになると、それ自体に現実の価値が生まれます。ゲーム内のアイテムが資産性を持ったら多くのことができます。

ゲームの中ではすでに、やりがいを感じたり、目標に到達した達成感も得られます。友情も、愛情も生まれる。ゲーム内で知り合って結婚する人だっています。

例えば、電話やスカイプで話をするよりも、わざわざ会って話をするのは、より実在感を感じられるからです。実在感はデータの量で決まってきます。データの量が多くなって、解像度が上がると、人間はより実在感を感じます。VRで、片目で4K、両目で8Kになるともう、人間の目には実在かデータなのか、区別がつかなくなります。

そういう時代になると、ゲーム内で目標達成も友情・愛情も育めます。ゲームで唯一できなかったのはお金を稼ぐことでした。だから、親には、ゲームをやっていると時間の無駄だと怒られてしまいます。

でも、ゲーム内のアイテムが単一性を備えて、資産性を持ちうるようになると、ゲームの中でお金を稼ぐことだってできるはずです。

リアルの世界でお金を稼ぐのが得意ならば、そうすればいい。でも、ゲーム内で、モンスターを狩るのが得意なら、モンスターを狩って武器を手に入れて、それを売って、生計を立ててもいい。

複数のゲームの世界といった、様々な仮想空間のコミュニティと現実を行き来しながら、複数の人格を持って、それぞれのコミュニティでお金を稼ぐこともできるようになるかもしれません。

もしかしたら、それは、それぞれの人が自分に合ったコミュニティを見つけやすく、今よりもずっと生きやすい世界かもしれません。

みんな、短期でできることを過大に評価して、中長期的にできることを過小評価する傾向がありますが、いまのブロックチェーンができることは限られています。いまはまだ、記録できるデータの容量が小さすぎます。

でも、テクノロジーは進化します。パソコンが市販されるようになったころに、将来、手のひらサイズのコンピューターが普及して、世界中の人と映像もつけて無料で通話ができるようになりますと言われてもポカンとするだけでしょう。ユーチューブが出てきたときも、そんなデータの大きな動画を配信するサービスなんて無理だよと言われました。

いまは無理でも、みんなが努力を重ねていくことで、少しずつ様々な使い方が形になり、5年、10年かけて世界は変わっていくのだと思っています。

おわりに

仮想通貨は難しい。ブロックチェーン、非中央集権、マイニング、分散台帳……。一見しただけで読むのをやめたくなる言葉がたくさんある。こうした難しい言葉や技術を、どうしたら少しでもわかりやすく伝えられるか。本書をまとめるうえで、常に悩まされたのは、この課題だ。書籍化に尽力していただいた講談社の山中武史氏が「まず、マイニングが、まったく理解できないんですよね」と、最初に示してくれた課題でもある。

本書は、ビジネスインサイダージャパンで公開した記事を基に、追加的な取材をしたうえで、大幅に加筆したものだ。このウェブメディアは、ミレニアル世代をおもなターゲットに、ビジネス、テクノロジー、働き方などのニュースを発信している。仮想通貨とブロックチェーンの取材を進めるうえで、多くのミレニアル世代の起業家やエンジニアたちから話をうかがった。

取材と並行して、当然、様々な資料や書籍を読み込んだが、それでも理解が追いつかないことも多々ある。理解の遅い筆者が「ああこういうことかも」と、一定レベルの理解に達するまで、多数のエンジニアや起業家たちが、極めて多忙な中、根気よく、長い時間付き合ってくれた。こうした人たちの協力がなければ、日々の記事や本書は成立しない。ウェブ上の記事は原則として敬称を付けているが、本書では敬称を略させていただいた。

ビジネスインサイダージャパン編集部の木許はるみ、西山里緒、室橋祐貴の各記者が取材・執筆した成果が、本書の多くを占めている。3人の記者は、いずれもミレニアル世代だ。仮想通貨に熱狂した若い世代の意識について理解を深めるうえで、同世代の記者でなければ書けなかっただろうと感じる記述も多い。「筆者プラスビジネスインサイダージャパン取材班」という枠組みでの書籍化を実現したのは、浜田敬子統括編集長の人脈と行動力だ。わがまま極まりない筆者が取材と執筆を続けるうえで、佐藤茂、伊藤有両副編集長の懐の深さにも何度も助けられた。

みなさまに、あらためて感謝申し上げる。

2018年5月

小島寛明

参考文献・報告書

Edward V. Murphy, M. Maureen Murphy, Michael V. Seitzinger "Bitcoin: Questions, Answers, and Analysis of Legal Issues", 2015
https://fas.org/sgp/crs/misc/R43339.pdf
FATF "Virtual Currencies-Key Definitions and Potential AML/CFT Risks", 2014
http://www.fatf-gafi.org/media/fatf/documents/reports/Virtual-currency-key-definitions-and-potential-aml-cft-risks.pdf
FATF "GUIDANCE FOR A RISK-BASED APPROACH to VIRTUAL CURRENCIES", 2015
http://www.fatf-gafi.org/media/fatf/documents/reports/Guidance-RBA-Virtual-Currencies.pdf
Satoshi Nakamoto, "Bitcoin: A Peer-to-Peer Electronic Cash System",2008
https://bitcoin.org/bitcoin.pdf
翁百合・柳川範之・岩下直行『ブロックチェーンの未来　金融・産業・社会はどう変わるのか』日本経済新聞出版社、2017年
岩下直行「仮想通貨の動向」2018年
https://www.mof.go.jp/pri/research/seminar/fy2017/lm20180126.pdf
大塚雄介『いまさら聞けない　ビットコインとブロックチェーン』ディスカヴァー・トゥエンティワン、2017年
外務省『2015　G7エルマウ・サミット首脳宣言（仮訳）』2015年
http://www.mofa.go.jp/mofaj/ecm/ec/page4_001244.html
金融審議会「決済業務等の高度化に関するワーキング・グループ報告〜決済高度化に向けた戦略的取組み〜」2015年
https://www.fsa.go.jp/singi/singi_kinyu/tosin/20151222-2/01.pdf
財務省「20か国財務大臣・中央銀行総裁会議声明（仮訳）」2018年
https://www.mof.go.jp/international_policy/convention/g20/180320.htm
佐藤航陽『お金２．０　新しい経済のルールと生き方』幻冬舎、2017年
チャールズ・ウィーラン／山形浩生・守岡桜訳『MONEY　もう一度学ぶお金のしくみ』東洋館出版社、2017年
自由民主党政務調査会IT戦略特命委員会「2020年世界最先端IT国家の具体像に関する提言　デジタル・ニッポン2014」2014年
https://www.jimin.jp/news/policy/125527.html
セキュリティ集団スプラウト『闇ウェブ』文春新書、2016年
ドン・タプスコット、アレックス・タプスコット　高橋璃子訳『ブロックチェーン・レボリューション　ビットコインを支える技術はどのようにビジネスと経済、そして世界を変えるのか』ダイヤモンド社、2016年
中島真志『アフター・ビットコイン　仮想通貨とブロックチェーンの次なる覇者』新潮社、2017年
野口悠紀雄『入門　ビットコインとブロックチェーン』PHPビジネス新書、2017年
野口悠紀雄『ブロックチェーン革命　分散自律型社会の出現』日本経済新聞出版社、2017年
ピーター・バーンスタイン／鈴木主税訳『ゴールド　金と人間の文明史』日経ビジネス人文庫、2004年
ナサニエル・ポッパー／土方奈美訳『デジタル・ゴールド　ビットコイン、その知られざる物語』日本経済新聞出版社、2016年
松尾真一郎他『ブロックチェーン技術の未解決問題』日経BP社、2018年

小島寛明

1975年生まれ、上智大学外国語学部ポルトガル語学科卒。2000年に朝日新聞社に入社、社会部記者を経て、2012年退社。同年より開発コンサルティング会社に勤務し、モザンビークやラテンアメリカ、東北の被災地などで国際協力分野の技術協力プロジェクトや調査に従事した。2017年6月よりビジネスインサイダージャパンを中心に記者として活動している。取材のテーマは「テクノロジーと社会」「アフリカと日本」「東北」など。

ビジネスインサイダージャパン

アメリカのニューヨークに拠点を置くオンライン経済メディアの日本版。ミレニアル世代のビジネスパーソンを主なターゲットに、ビジネス、テクノロジー、働き方など幅広い分野のニュースを配信している。日本版は2017年1月に創刊し、2018年3月には外部配信先も含めた閲覧数が5000万を超えた。ビジネスインサイダーは現在、日本をはじめ世界17ヵ国で展開している。

講談社+α新書 793-1 C

知っている人だけが勝《か》つ

仮《か》想《そう》通《つう》貨《か》の新《しん》ルール

小《こ》島《じま》寛《ひろ》明《あき》+ビジネスインサイダージャパン取材班《しゅざいはん》

2018年5月17日第1刷発行

発行者――――― 渡瀬昌彦

発行所――――― 株式会社 講談社

東京都文京区音羽2-12-21 〒112-8001

電話 編集(03)5395-3522

販売(03)5395-4415

業務(03)5395-3615

デザイン――――― 鈴木成一デザイン室

カバー印刷――――― 共同印刷株式会社

印刷――――― 慶昌堂印刷株式会社

製本――――― 株式会社国宝社

Printed in Japan

ISBN978-4-06-512071-2